ARTE
LEGAL PARA
ESTVDIAR LA
IVRISPRVDENCIA.

POR

El Licenciado Franciſco Bermudez de Pedraça,
Abogado en los Conſejos de ſu
Mageſtad.

DIRIGIDA A DON IVAN DE
Acuña Marques de Valle, Preſidente
de Caſtilla.

CON PRIVILEGIO.

EN SALAMANCA.

En la Emprenta de Antonia
Ramirez, viuda:

1612.

A coſta de Nicolas Martin del Caſtillo, merc *le libros.*

Editorial Civitas, S. A.
ISBN: 84-470-0130-X
Depósito legal: M. 39.914-1992
Acabado en Encuadernación Ramos
Impreso en Closas-Orcoyen, S. L.

FRANCISCO BERMUDEZ DE PEDRAZA

FRANCISCO Bermúdez de Pedraza (Granada, 1585-1655) es el tipo de jurista y práctico que tan interesante resulta para entender la vida jurídica de determinada época. Estudió en Granada humanidades y derecho. Ejerció como abogado en la Chancillería, donde llevó algunos pleitos famosos que le proporcionaron fama y reputación. Se trasladó a Madrid (1608). En 1635 fue nombrado tesorero de la catedral de Granada, a donde volvió, y se ocupó particularmente de indagar en archivos y bibliotecas para mejorar su primera obra *Antigüedades de Granada,* publicada en Madrid con más valores formales que sustanciales. Fue catedrático de derecho y tres veces Rector de la Universidad de Granada.

Sus obras, aparte de la citada, son: *Hospital Real de la Corte* (Madrid, 1612), *Arte legal para estudiar jurisprudencia y exposición de los cuatro títulos de las Instituciones de Justiniano* (Salamanca, 1612), *El Secretario del Rey* (Madrid, 1620), *Historia eclesiástica de Granada y su Arzobispado, mártires y varones ilustres que han florecido en esta grande, popular y noble ciudad de Granada* (Granada, 1637) e *Historia Eucharística y reformación de abusos hechos en presencia de Christo Nuestro Señor* (Granada, 1643).

Sin duda las más famosas y de mayor interés son *El Secretario del Rey,* en donde se expone, como dice Gibert, la estampa del funcionario conforme al ideal de la monarquía austríaca. Carrión Gútiez, por su parte, dice que es un tratado de política fundamentalmente, por lo cual es natural que Maravall lo incluya entre los tratadistas políticos del XVII.

Junto al *Secretario,* este *Arte legal de estudiar jurisprudencia* es su otra obra importante, porque está respaldada por la práctica forense y docente del autor. Gibert llama la atención sobre las profundas y hermosas consideraciones acerca de la ciencia del derecho, el estudio y el papel de jurista que contiene el *Arte,* sus elementos retóricos y morales y la buena acogida que recibió en Salamanca.

La falta de sistema en el estudio del derecho que se advierte en la actualidad contrasta con la preocupación por esos métodos en el pasado que dieron lugar a obras como el *Ars et doctrina studendi et docendi,* de Juan Alfonso de Benavente (julio-agosto de 1453, según Alonso Rodríguez), y este libro que hoy publica Civitas, en el que se detalla el modo en que el estudiante debe actuar, cómo resolverá las dudas, autores preferibles y la utilización de un cuaderno aparte para recoger «algún principio galano de derecho». Igual que recomendaba Juan Alfonso, llamándolo «Liber veritatum».

EL REY.

POR quanto por parte de vos el Licenciado Bermudez de Pedraça; Abogado en eſta nueſtra Corte, nos fue fecha relacion que auiades eſcripto vn libro intitulado, *Arte legal para eſtudiar la Iuriſprudencia*, vtiliſsimo para todos, anſi curſantes, como graduados: y nos ſuplicaſtes os mandaſſemos dar licencia y facultad para le imprimir, y priuilegio por veynte años, ò como la nueſtra merced fueſſe. Lo qual viſto por los del nueſtro Conſejo, por quanto en el dicho libro ſe hizo la diligencia que la prematica por nos ſobre ello fecha diſpone; fue acordado que deuiamos mandar dar eſta nueſtra cedula en la dicha razon, y nos tuuimoslo por bien. Por la qual vos damos licencia y facultad, para que por tiempo y eſpacio de diez años cumplidos primeros ſiguientes, que corran y ſe cuenten deſde el dia de la fecha deſta nueſtra cedula en adelãte, vos ò la perſona que para ello vueſtro poder vuiere, y no otra alguna, podays imprimir y vender el dicho libro que de ſuſo ſe haze mẽcion. Y por la preſente damos licencia y facultad a qualquier impreſſor deſtos nueſtros Reynos que nombraredes, para que durante el dicho tiempo lo pueda imprimir por el original que en el nueſtro Conſejo ſe vio, que va rubricado y firmado al fin de Antonio de Olmedo nueſtro Eſcriuano de Camara, y vno de los que en el nueſtro Conſejo reſiden, con que antes que ſe venda, ſe trayga ante ellos, juntamente con el dicho original, para que ſe vea ſi la dicha impreſſion eſtà cõforme a el; ò traygays fè en publica forma como por Correctõr por nos nõbrado ſe vio, y corrigio la dicha impreſsiõ por el dicho original. Y mandamos al impreſſor que anſi imprimiere el dicho libro, no imprima el principio y primer pliego del, ni entregue mas de vn ſolo libro con el original al author y perſona a cuya coſta lo imprimiere, ni a otra alguna para effecto de la dicha correctiõ, y taſſa, haſta que antes y primero el dicho libro eſtè corregido y taſſado por los del nueſtro Conſejo; y eſtando hecho, y no de otra manera pueda imprimir el dicho principio, y primer pliego: en el qual immediatamente ponga eſta nuestra licencia, y la approuacion, tassa, y erratas: ni lo podays vender ni vendays, vos ni otra persona alguna hasta que estè el dicho libro en la forma susodicha, sopena de caer è incurrir en las penas cõtenidas en la dicha prematica y leyes de nuestros Reynos que sobre ello disponen. Y mandamos que durante el dicho tiempo persona alguna sin vuestra licencia no lo pueda imprimir ni vender, sopena que el que lo imprimiere y vendiere, aya perdido y pierda qualesquiera libros, moldes, y aparejos que del tuuiere; y mas incurra en pena de cincuenta mil marauedis por cada vez que lo contrario hiziere: de la qual dicha pena sea la tercia parte para nuestra Camara; y la otra tercia parte para el juez que lo sentenciare; y la otra tercia parte para el que lo denunciare. Y mandamos a los del nuestro Consejo, Presidente, y Oydores de las nuestras Audiencias, Alcaldes, y Alguaziles de la nuestra Casa y Corte, ansi a los que agora son, como a los que seran de aqui adelante, y a otras qualesquier justicias de todas las Ciudades, Villas, y lugares destos nuestros Reynos y señorios, y a cada vno en su jurisdiction que vos guarden y cumplan esta nuestra cedula y merced que ansi vos hazemos, y contra ello no vayan ni passen, ni consientan yr ni passar en manera alguna, so pena de la nuestra merced, y de diez mil marauedis para la nuestra Camara. Fecha en Lerma a quatro dias del mes de Iunio, de mil y seyscientos y diez años.

YO EL REY.

Por mandado del Rey nuestro señor.

Jorge de Touar.

Muy

CENSVRA.

Muy poderoſo Señor.

HE viſto por mandado de V. A. vn libro del Licenciado Bermudez de Pedraça abogado en eſta corte, intitulado Arte legal para eſtudiar la Iuriſprudencia y aſsi por ſu buẽ eſtilo y curioſidad, como por el prouecho de ſu materia que da luz y facilita los principios a los nueuos profeſſores del Derecho, me parece digno de que V. A. honre a ſu autor y le de la licencia que pide. En Madrid a 20. de Mayo de 1610.

El Licenciado Ioan Antonio de Herrera.

CENSVRA.

Muy poderoſo Señor.

Si en el Arte legal del Licēciado Bermudez de Pedraça (cuya cenſura me cometio V. A. y juzgue por obra fructuoſa, y de vtilidad conocida) pude hallar algũ defecto, fue no tener las Paratitlas de las inſtituciones de Juſtiniano deſte quaderno q̃ faltaua, con q̃ ſe perficiona ſu trabajo, y dexa llano el paſſo a la juuētud eſtudioſa, que lo ſuele hallar tan difficultoſo, en la entrada de la Iuriſprudēcia; y aſsi aũque es pedaço del libro que cõ aplauſo general, y comun expectacion de la eſcuela de Salamãca, ſe eſta imprimiendo en ella; le tengo por tan principalmente importante como el y digno de que V. A. eſtime la diligencia cõ que ſu autor deſſea ayudar a los nouicios de ſu profeſsion cõ vniuerſal aprouechamiēto; y q̃ le cõceda la licencia que pide para imprimille. En Madrid a 30. de Octubre, de 1611.

El Licenciado Ioan Antonio de Herrera.

A DON IOAN de Acuña, Marques de Valle, Presidente de Castilla.

VN libro (Señor Illustrissimo) es concepto del entendimiento, y parto suyo; y para que viua tiene necessidad (dize Horacio) de vn Angel de guarda; yo añado: noble, sabio, y poderoso. Noble porque benignamente le acepte: sabio, para q̃ le estime: y poderoso, para premiarle: y en V. S. I. resplãdecen entre otras muchas, principalmente aquestas calidades: la de noble en el blason de Acuña, a quiẽ V. S. I. ha illustrado con el titulo de Marques de Valle. deuido à la rectitud, y entereza de tan gran ministro: la de sabio en el ingenio, y letras, con q̃ ha ascẽdido, como por gradas, desta en aquella plaça; y de vna en otra Presidẽcia; hasta la de Castilla: y la de poderoso en el lugar q̃ ocupa, segũdo despues de la persona Real. Suplico a V. S. I. como a noble, sabio, y poderoso; apadrine este libro hijo de mi humilde ingenio para que baptizado con su noble apellido, viua lo mismo que el tiempo. Dios guarde a Vuestra Señoria illustrissima. &c.

Menor criado de V.S.I.

El Licenciado Bermudez de Pedraça.

ERRATAS.

Pagina 6.linea.8 amansen,diga, amassen, pag. 17. lin. 13 refiere,dig referire,pag.43. lin. 8. Aristo. dig. Ariosto,pag. 55.lin.29.senia, dig sensa,pag. 64. lin.4 Derecho.dig. Decreto.pag.74.lin.21,entendimien.dig entendimiento, pag. 77. lin. 15. al derecho,dig.el derecho,pa.78.lin.5.6. iu o.lugar s.dig. ius. lugar,o.pag.84.lin. 9. Ades,dig. Ædes.pag.116.li. 16. perecen, dig.parecen.pag.160.lin.13.el qual pidiendo a vn,dig al qual pidiendo vn.

Con estas erratas esta impresso conforme a su original este libro intitulado, Arte legal;y Paratitla.En fee de lo qual lo firme.En Salamanca hoy.3.de Agosto de.1612.

El corrector &c. *Manuel Correa de Monte Negro.*

TASSA.

Yo Antonio de Olmedo Escriuano de Camara del Rey nuestro Señor, de los que residen en su Consejo, doy fee, que auiendose visto por los Señores del vn libro intitulado, Arte legal para estudiar la Iurisprudencia, que compuso el Licenciado Bermudez de Pedraça Abogado en esta corte, y con su licencia, y priuilegio fue impresso, le tassaron a quatro marauedis cada pliego en papel. El qual tiene treynta y quatro pliegos, y medio, que al dicho precio suma y monta ciento y treynta y ocho marauedis, y mandaron que esta tassa se ponga al principio de cada volumen del dicho libro, para que se sepa, y entienda lo que por el se ha de pedir, y lleuar, sin que se exceda de ello en manera alguna. Y para que dello conste de mandamiento de los dichos Señores, y pedimiento del dicho Licenciado Bermudez de Pedraça di esta fee, en Madrid a veynte y vno de Agosto de mil y seys cientos y doze años.

Antonio de Olmedo.

AL LECTOR.

IVLIO CESAR fue el primer Principe, que tuuo intento de reformar la immẽſidad del Derecho Ciuil, y lo executar, ſi la conjuracion de ſu muerte no impidiera con otros buenos propoſitos aqueſte; obra que aſsi miſmo intẽtò (dize Forſterio) Cõſtantino ſu ſucceſſor: y deſcõfiado de acabarla, la dexo para Iuſtiniano, cuyo nombre el cielo tenia determinado hazer famoſo por eſte trabajo; porque en los cincuenta libros de las Pandectas, cifrò las reſpueſtas innumerables de los Conſultos antiguos, y leyes de los Ceſares. Pero Triboniano que fue el Artifice deſte cõpendio, no guardò methodo en el, dizen Guillermo Budeo, Conano, Pedro Gregorio, y Angelo Mateazo, ſi bien diga Duareno que del orden que tuuo en la diſpoſiciõ de los titulos no ſe puede quexar, ſino de la falta del, en la materia de cada vno, porque poſpone las diffinicio nes y diuiſiones (que auian de preceder) en lo vltimo, y anteponer lo poſtrero en primer lugar. Exẽplo tenemos en el titulo de Pactis, donde en la ley primera comiença a explicar el edicto, que conforme à la orden del entendimiento auia de preceder,

Suetonio in Cæſare.

Forſterio lib. 3. hiſt. iuris Ciuil. Imp.

Mateazo lib. 1 de via artificioſa iuris cap. 27.

Duareno in epiſtola de modo dicendi.

y lo ſitua en la ley ſeptima, poſpueſto a ſu explicacion. Algunos le eſcuſaran cõ q̃ la fabrica del Derecho ſe diuidio en tres compoſitores, Triboniano, Theophilo, y Dorotheo, los quales recopilando en vna miſma materia; el vno las reſpueſtas de Paulo, el otro las de Papiniano, y otro las de Africano, y aſsi de los demas; era fuerça faltar el orden, que ſi todas las recopilara vno. Pareciendo pues a Iuſtiniano que aun eſtos cincuenta libros era carga ſuperior a la fuerça de la juuentud, y que podrian deſamparar el eſtudio de la Iuriſprudencia, acobardados de verla eſtendida por tantos volumines, ò con mayor trabajo, y mas largo tiempo llegar a conſeguirla, mandò a Triboniano, Theophilo, Dorotheo, doctiſsimos varones de ſu Cõſejo, que de los cincuenta libros de los Digeſtos, recopilaſsẽ vna breue ſumma diuidida en quatro, de donde ſe comprehendieſſe la ſuſtancia de los cincuenta, con eſtylo tan facil y claro que ſe pudieſſe aprender deſde la cuna. Eſtos fueron los quatro libros de la Inſtituta, que es vn Epithome y cifra de todo el Derecho Ciuil. Pero no ſe cumple con el propoſito de Iuſtiniano, que fue hazer mas facil el eſtudio de los Derechos, porque ſi bien ſe aligerò el trabajo con la breuedad de la Inſtituta, no el tiempo de eſtudiarla, ni el modo de entenderla; porque no dieron arte ni methodo para ello, con que ſe quedò de ſuerte el miſmo incõueniente, que muchos eſtudiantes deſpues de graduados bueluen a ſus patrias tan ignorantes, como aquellos de Athenas, de quien Menedemo dezia, que el primer año de ſus eſtudios eran Sabios; el ſegundo Philoſophos; el tercero Rheto-

Plutarc. de profectu morum. ca 11.

Rhetoricos; el quarto Grammaticos, y el quinto Abecedarios. Assi dize Duareno, ay algunos q̃ van azia tras enel aprouechamiento de las letras. El año primero son Doctores, el segũdo Licenciados, el tercero Bachilleres, el quarto Oyẽtes, y el quinto ignorãtes: y en tanto grado q̃ me dixo alguno de quatro cursos, q̃ le dixesse como se estudiauã los Derechos, y si tenia principios la Iurisprudẽcia por dõde entrar en el conocimiẽto della, porq̃ sus Maestros gastauã el tiẽpo en largas repeticiones sin declarar los primeros Rudimentos del Derecho, ni enseñar los caminos faciles y llanos del, para subir cõ mas capacidad despues por los difficiles y arduos. Esto y auer experimentado yo en mi puericia lo mismo, y leydo en Alciato, Corrasio, y Duareno la misma quexa, me mouio a buscar si auia preceptos y reglas para facilitar el trabajo de deprender la Iurisprudencia en menos tiẽpo: y halle doctrina tan solida, y documẽtos tan vtiles que si los supiera en los principios de mis estudios, fuera mas bien aprouechado en ellos, y con menos tiempo mejor letrado zeloso del seruicio de nuestro Señor, y de su republica: teniẽdo en la memoria aquella sentencia de Ciceron, que ningun seruicio mayor nì mejor podemos hazer a la republica, que facilitar las letras a la juuentud, freno para que no se precipite en el abysmo de los vicios deste tiempo. Fuy desgranando las espigas de lo que auia obseruado, y entresacando dellas el mas selecto y puro grano, escriui esta arte, que entiendo que es necessaria para los nueuos professores de la Iurisprudencia, y no hara daño a los prouectos en ella, si la censura

Duaren. vbi sup.

Alciato. 4. Paradoxorum in princ.

Ciceron lib. 3. de diuinat.

de mis amigos no me engaña. Este mismo trabajo desseò mucho hazer Marco Tulio antes de la reco pilacion de las Pandectas; y aun Aulo Gelio refiere que lo hizo. Y aunque algunos despues de la reformacion del Derecho dixeron que no podia reduzirse a arte, y otros mas modestamente que era difficultoso, vencieron otros este trabajo, como Ioan Corrasio, Ioachin Hopen, Luys Peleo, Pedro Gregorio, y Angelo Mateazo: pues es cosa llana que ninguna sciencia se puede saber sin methodo y arte, como neruosamente defiende Duareno. Y Cicerón refiere que dezia Quinto Sceuola, que ninguna cosa era de mas facil conocimiẽto por arte, que el Derecho: porque el methodo es vn camino por el qual con orden se enseña el conocimiento de lo que se ignora, y el orden vna disposicion para entẽderlo mejor y mas facilmente, pues el fin de mi proposito es dar a entender el Derecho con mas facilidad q̃ hasta aqui se ha deprendido. Tres razones se me offrecen para escriuirle en lengua Castellana. La vna ser este libro asi para los padres, q̃ los menos saben la lẽgua Latina, como para los hijos q̃ en su primera edad y principios de sus estudios, no son todos consumados Latinos; y muchos con presumpcion se auerguençan de preguntar a otro, pareciendoles que es mas acertado ignorar las leyes, que saber de su Maestro, ò cõdiscipulo su intelligencia. Y seria perder el fruto de mi proposito si declarando los principios de los Derechos, y su fabrica diesse preceptos en lengua Latina, en que ò fuesse Barbaro, procurando claridad, ò difficultoso affectando eloquencia, y el estudiante no percibiendo mi La-

Tulio lib. 1. de Oratore.

Gel. lib. 1. noct. Attica. ca. 22.

Cicero. lib. 1. de Oratore.

mi latin, el phrasis, ò la propriedad de alguna palabra perdiesse la doctrina; la otra porque la lengua Castellana no està como en los siglos passados, corta de vocablos, grossera de palabras, y circunscripta à Castilla, antes tan abundante y rica, y tan llena de tropos y figuras, que no ay version de lengua estraña, ni concepto tan interior nuestro, que no lo explique con propriedad y elegancia. Y no es menos general que la Latina, pues sus preciosas monedas la tienen tan estendida por todas las naciones, que si todas no la hablan, por lo menos todas la entienden tanbien, que ni por mas vniuersal, ni por mas elegante, no permitimos que la lengua Castellana se rinda a la Latina. Y la vltima q̃ todas las naciones escriuieron las sciencias en su lengua y vulgar Idioma, los Chaldeos en Chaldeo, y los Hebreos en Hebreo: y assi las demas naciones, porque desta suerte los discipulos entendian con mas facilidad a sus Maestros, y ellos enseñauan con la misma. Y cierro este discurso con vn lugar de Ciceron, donde reprehendido de los Romanos, porque escriuia en su vulgar lẽgua Latina, y no en la Griega, respondio a mi parecer agudamente, por ventura es tanto mayor la sciencia, quanto menos se entiende la lengua en que se escriue?

Cicero lib. 1. de Finibus.

De la obligacion, que tienen los padres de enseñar a sus hijos, la sciẽcia a que mas se inclinan: Y esta entiendo que es la razon, porque auiendonos Christo encomendado el amor de nuestros padres debaxo de precepto en el quarto Mandamiento; no lo dio a los padres para que amassen sus hijos.

Cap. I.

Iob cap. 1. & ibi. Lyra, gloſ. verbo. nati.

ENTRE los bienes de fortuna que haze feliz al hombre, tienen los hijos el primer lugar; como afirma Nicolao de Lyra por authoridad del Espiritu sancto; assi por ser el vltimo fin del matrimonio; como porque son el colmo de los plazeres, y contẽtos del padre; y la raya, y termino del amor humano. Aristoteles dixo q̃ era en primer grado; y Iustiniano, que no auia amor q̃ venciesse al paterno: *Neq; enim dulciore nomine* (dize Calystrato) *possumus nepotes nostros, quam filij appellare.* Y Accursio leuantò mas de pũto este cõcepto, diziendo q̃ el padre ama mas a sus hijos que a si mesmo; porq̃ mas se ama lo q̃ tiene ser mas perdurable; y como este se halla mas en el hijo q̃ en el padre, por esso ama mas el padre al hijo, q̃ el hijo al padre. Y esta fue la razon del Iurisconsulto Paulo, para dezir q̃ el padre recibe mayor dolor de las penas del hijo que de las suyas; y de la practica de los juezes q̃ en los delictos dõde son cõplices padre è hijo, comiẽça el tormẽto por el hijo en presencia de su padre, para q̃ cõfiesse atormẽtado cõ los dolores del hijo,

Arist. lib. 2. magn. Mora. cap. 12.
Iustin. in l. fin. in prin. C. de cura. furio.
L. liberorum. § fi. ff. de verb. signifi. & ibi, Accurſ. gl. fin. Isti
L. 2. [illegible] quidẽ. §. fin. ff. quod metus cau. § fi. inst. de noxalib. Gandino de molestijs. tit. de quæstio. verſ. nũc videndum.

como

como succedio, dize Plutarcho, à Strate Siclea Sparciana; q̃ presa cõ su hijo, y puesto a question de tormẽto en presencia de su madre, rogaua al juez q̃ primero le diessen la muerte a ella q̃ viesse atormentar a su hijo, y no lo obtuuo: y por esto Sexto Victor dixo q̃ Priamo increpo a Neoptolemo; no de la muerte del hijo, sino de auer lo muerto a los ojos de su padre. Otra razõ da Aristoteles de la grãdeza deste amor, porq̃ los padres aman a sus hijos como a parte de su cuerpo: y cõ amor de si mismos: q̃ por esto dixo Iustiniano, q̃ el padre y el hijo erã vn alma en dos cuerpos: y en en otro lugar vna voz con dos lẽguas. Muere el padre, dize el Ecclesiastico, y es como si no muriera; porq̃ dexa en el hijo su retrato y estãpa: y como cada vno ama la conseruacion de su especie y representacion de su persona, la del hijo como no està en el padre, no reconoce en el los medios de perpetuarse que el padre tiene en el hijo: como lo sintio acutissimamente el Iurisconsulto Calistrato por estas palabras: *Idcirco filios filiasve concipimus atque edimus, vt exprole eorum earum re diuturnitatis nobis memoriam in æuum relinquamus.* Y esta es la razõ natural, porq̃ el padre quiere tanto a su hijo, y el hijo ama su padre cõ amor de inferiores quilates. De aqui nace, dize Maximo Tyrio; la obligacion natural q̃ tiene el padre de criar, y alimẽtar al hijo; y la doctrina del Apostol q̃ los padres han de adquirir riquezas para los hijos, y no los hijos para los padres, porq̃ la prouisiõ del padre no pertenece al hijo, y la del hijo incũbe al padre, y no solo del alimẽto corporal, pero del intellectual de la doctrina: no cũple el padre cõ alimentar al hijo, sino con doctrinarle tãbien desde pequeño, porq̃ el alimento augmẽte el cuerpo, y la doctrina el entendimiento. Mas nobles y dignos de mayor honra son los padres que procuran doctrinar a sus hijos. (dize Aristoteles) que aquellos que solamente los engendraron: porque estos solamente fueron authores de su vida, y aquellos de que viuiessen bien; por q̃ la sabiduria es alimento del alma. Los niños son como vasos

Isernia c. 1. §. publici latrones, de pace tenen. in versibus feudorum.

Maranta in proœmio. num. 14.

Victor. lib. 1. variarum lect. ca. 8.

Arist. Eth. c. 8.

L. fin. C. de impuberum. §. ei ver. qui instit. de inutilibus.

Ecclesi. cap. 30.

Dict. l. liberorum, d. §. fi. & ibi Acursius.

Maximo. serm. 20

2. Corinth. c. 20.

2. Corinth. cap. 12

Aristot. lib. 5. ad Diog. & epist. ad Alexand.

nueuos, y es menester estrenarlos de buen licor, porque el primero que reciben, conseruan siempre conforme al verso de Horacio.

Horatio in Epistolis.

Quo semel est imbuta recens seruabit odorem testa diu.

Y de aqui nacio el adagio: *Quod noua testa capit inueterata sapit*, porque el desuelo que tiene el padre del augmento del hijo, que pintò Virgilio en aquel verso.

Virgil. 1. Eneid.

Omnis in Ascanio chari stat cura parentis,

Gloss. verbo. frequentius, in cap. pen. de præsumpt.

Y el Iurisconsulto Trifoniano por estas palabras: *Cum omnia quæ nostra sunt liberis nostris ex voto paremus.* No ha de ser solo de riquezas, sino tambien de doctrina y virtud, porque si le athesora solamente rentas, grangeara con ellas vn parricida mental que le estè siempre desseando la muerte, y dè occasion al Satyrico que diga:

In l. nihil interest. ff. de bonis libert.

Filius ante diem patrios inquirit in annos.

Ya el para que repita lo que dixo el otro cortesano que se holgaua con la natiuidad de su nieto, porque nacia el enemigo de su enemigo. La mayor herencia que los padres pueden dexar a sus hijos, dize Tulio, es la virtud endereçando desde pequeñas las plantas de sus hijos, no les succedan las desgracias que Heli, y Dauid experimentaron por este descuydo, porque no basta ser buenos los padres para que lo sean los hijos. Bueno fue Ezechias Rey de Iudea, y malo Manasses su hijo; malo fue Amon, y bueno su hijo Itosias, porque la bondad de los padres no se hereda con los bienes de fortuna, ni el mal dellos con los males della, sino de la mala ò buena educacion reciben los hijos nueua calidad de ser buenos, ò malos: y esta es la que desde pequeños les encamina por el estrecho camino de la virtud. El medio por donde se alcança, dize el Angelico Doctor Sancto Thomas, son las letras, assi por su occupacion, que dexa poco ò ningun tiempo libre para los vicios, como para las letras con doctrina y exemplo incluyeron el alma y sujetan el cuerpo. Ama Dios mucho, dize el Philosopho, como a sus amigos, a los que cultiuan el entendimiento, porque solamente del ingenio y letras, merece

Tulio. lib. 2. de officijs.

D. Thom. 2. 2. q. 188. art. 5.

ser alaser alabado el hombre, dize Apuleyo, porque si le alabays de rico esso lo deue a la fortuna, si de noble a sus mayores, si de fuerte vna enfermedad lo enflaquece, si de hermoso la vegez lo afea, solo de sabio es la verdadera alabança, y Nazianzeno dixo que era parecer firme de todos los hombres de sano entendimiento, que la erudicion tenia el primer lugar entre todos los bienes humanos por esto dixo Roberto Rey de Sicilia, dize Petrarca q̃ le erã tan dulces, y amables las letras, que si le dieran a escoger, o ellas, o el ceptro antes careciera del Reyno, porque se aficionen al estudio de las letras, no solos aquellos que en ellas tienen librados sus alimentos sino tambien los que nacen con ellos para que le sean ornamento, limando el ingenio, y ocupando bien el tiempo, pues las letras en la prosperidad siruen de ornato, y en la aduersidad de socorro. Los Principes Romanos se preciaron tanto de la professïon de las letras, que muchos fueron famosos en ellas, Augusto a los doze años de edad oro publicamẽte en las honras de su abuela Iulia. Tiberio de nueue en alabança de su padre, Cayo de diez y ocho en loor de su visabuela, y Neron de diez y seys hizo otras muchas oraciones, y por esto el Emperador Valẽte hazia leer a sus hijos Gramatica segũ refiere Eusebio. I Diõ Casio cuenta de Mecenas, q̃ tratando esta materia con Augusto le dixo estas palabras. Con el encarecimiento que puedo amonesto que se establezca por ley, que los muchachos hijos de nobles mientras durare la puericia se exerciten en las letras, y q̃ la adolescencia ocupen en el exercicio de las armas y cauallos, señalando para esto Maestros con estipendio publico, con que estaran mas ydoneos para todas las cosas en que fuere necessario ocuparlos. Consejo que despues siguieron muchos Principes, que refierẽ Cassaneo Textor, y Horacio Lucio, pero como la sabiduria es tan lata, y la vida humana tan corta, es necessario elegir della aquella parte a que el ingenio de el hõbre mas se inclina, porque con mediano estudio en ella,

Arist. li. 10. Ethicorum.

Nazianzeno in laude Basilij.

Apuleyo lib. 2. de Deo sacratis.

Eusebio lib. 4. Histor. Eccles. c. 9.

Petrarca lib. 1. rerum memorandarum.

Casio lib. 2.

Caßaneo in Cata. part. 10. Cons. 32.

Textor 1. p. ver. Gymnasia.

Lucio de priuileg. scho. tit. fin. n. 32.

sera consummado varon el q̃ estudiando la que resiste a su ingenio con perpetuo desuelo, sera siempre bisoño en el florido campo de las letras, conforme al verso de Horacio.

Horatio in Arte Poetica.

Tu nihil inuita dices faciesve Mineruа.

Cicero pro Archia Poeta.
Quintiliano lib. 2.

Porque faltando la inclinacion aprouecha poco, dize Tulio, y Quintiliano, la doctrina, y Seneca dixo no sabre dezir con palabras quan mal corresponden los ingenios forçados. Por esto las republicas mas politicas han tenido por costumbre no forçar a los niños a deprender las Artes y officios por voto de sus padres, sino por election suya de ellos lleuandolos por las calles publicas, para que viessen todos los exercicios de manos, y entendimiento para enseñarles aquel, a quien mas se inclinauan, por lo qual dixo Horacio que los padres hā de aduertir mucho las costumbres naturales de los niños, para conocer por ellas sus affectos en aquellos versos.

Horat. in Arte Poetica.

Ætatis cuiusque notandi sunt tibi mores
Mobilibusque decor naturis dandus & annis,
Reddere qui voces iam scit puer & pede certo
Signat humum, gestit paribus colludere & iram.

Y la mesma regla dio el Iuris Consulto in l. Stichus ff. de legatis 3. y Bartolo sobre ella, y son para lo mismo elegantissimas las palabras de Platon. *Considerabit legũ lator atque obseruabit diligenter ad quæ studia quemque rapiat amor, non tanquam coactos pueros in disciplinis, sed quasi ludentes enutrias, vt & magis ad quod quisque natura sit aptus, possis agnoscere*, Y assi el padre que quisiere acertar la sciencia, o arte que su hijo ha de aprender primero ha de hazer examen de su ingenio para ver a qual se inclina, lo qual conocera por las reglas del capitulo siguiente.

Plato dialogo 1. de legibus y 7. de re publica.

De

De las ſeñales por donde ſe conocen las inclinaciones de los hombres. Cap. II.

LOS Padres q̃ ſon politicos y zeloſos del biē de ſus hijos eſcriuen el dia en q̃ nacen q̃ es bueno para muchos effectos, y el principal para conocer ſu inclinacion, e ingenio, porque con la natiuidad del hijo acuda el padre a vn aſtrologo docto con ella, leuantara figura pintando la diſpoſicion que el cielo tenia en aquella hora, y los aſpectos de ſus planetas. Porque ſegun Ptolomeo, y ſu expoſitor Iuntino eſtando Mercurio en ſu caſa, o en la 1. 3. 4. 9. 10. 12. o en exaltacion, o configurado bien, o mal con la Luna da generalmente buen ingenio, y ſi eſta en caſa de Saturno, o en qualquier aſpecto con el da profundo entendimiento, ſi eſta configurado con Iupiter inclina al eſtudio de la Theologia, y Iuriſprudencia; ſi con Marte a las armas, ſi con Venus a la muſica, y como ſe va configurando con los demas planetas varia la inclinacion a las coſas ſignificadas por ellos. Contra eſto opondra el curioſo, que los aſtros influyē en las coſas corporales, pero no en las eſpirituales, como lo es el entendimiento, pero ſatisfazeſe facilmente, preſuponiendo que no influyen las eſtrellas ſobre el entendimiento directa, ſino indirectamente diſponiendo bien los eſpiritus, y organos corporales con que obra el entendimiento, y ſegun ſu buena, o mala diſpoſicion es bueno, o malo el entendimiento. Con eſte exemplo ſe entendera mejor. Igual calidad de ayre entra por los cañones de vn organo, pero el cañon malo, y mal templado ſuena mal y bien. El bueno y bien templado, deſta forma es

Ptolomeo lib. 3. ca.13. del quadripartito.

el

el entendimiento en los organos, y espiritus bien dispuestos por las estrellas es bueno, y malo en los mal dispuestos, y por esto estan sugetos a las estrellas, porque segun sus aspectos disponen los espiritus bien, o mal el temperamento y disposicion del celebro, para que obre el entendimiento.

Platon in Dialogo de scientia.

Otra señal ay para conocer el malo, o buen entendimiento, el que no huuiere escripto la natiuidad de su hijo, y aunque manual y casero no de menos autoridad. Platon dixo, y tengo dello experiencia, que los hombres que facilmente se encolerizan, inquietos, y de poco asiento son mas dociles, y de mayor entendimiento, que los mansos, quietos, y pacificos los quales son tardos en deprender, y de mal entendimiento en discurrir.

Huarte en el examen de ingenios c. 12.

Otra señal nos da el Doctor Huarte, que dize que ay sciencias, que se alcançan con la memoria, como la Gramatica, la Theologia positiua, la Theorica de la Iurisprudēcia, la Cosmographia, la Arismetica, y las lēguas: otras que pertenecen al entendimiento, como la Theologia escholastica, la Practica de la abogacia, la Dialectica, la Philosophia moral, y natural: otras que pertenescen a la imaginatiua, como el pintar y las demas artes. El officio de la memoria es guardar con fidelidad las figuras de las cosas, el officio del entendimiento es raciocinar, difinir, distinguir, y elegir. La imaginatiua consiste en figura, correspondencia, armonia y proporcion: mire el padre a qual destas tres partes se inclina el ingenio de su hijo, y hagale estudiar la sciencia que fuere de su classis. Si puesto a leer y escriuir deprendiere facilmente es señal de que tiene buena memoria y aura de professar vna de las sciencias, o artes que son de su iurisdicion. Si en el escriuir hiziere buenos rasgos, y pintare hermosas letras, en el tiene imperio la imaginatiua, y sera bueno para pintor. Si fuere tardo en deprender a leer y escriuir, y escriuiere mal, o en deprender la Gramatica, sera de buen ingenio,

genio: y ſi eſtudiando Artes ſe moſtrare buen eſtudiante en la Dialectica, es de buen ingenio, y de mucho mejor, ſi lo fuere en la Philoſophia: y el que deſtas dos ſciencias ſaliere bien, podra con ſeguridad arrojarſe al pielago de la Iuriſprudencia; porque tienen grã parenteſco con ella.

De las coſas, que ſe han de preuenir para el eſtudio de la Iuriſprudencia. Cap. III.

SI El padre conoſciere, que la inclinacion de ſu hijo y ſu ingenio es proporcionado con la Iuriſprudencia, primero que lo embarace en ella, ha de procurar que ſea buen Latino; porque el de los Iuriſconſultos es el mejor, que ſe ha hablado; y no le dañara auer eſtudiado algo de la Dialectica, y Philoſophia: pero ſi le faltare ſu doctrina, no por eſſo dexara de ſalir letrado. Luego ha de preuenir los materiales de eſte edificio, que ſon, edad, lugar, maeſtros, y libros, columnas neceſſarias de ſu firmeza. Y de cada circunſtancia hare vna digreſsion. La primera es edad, que no ha de ſer muchacho el profeſſor de la Iuriſpru- L. ſcire leg es. ff. de leg.
dencia: porque la Theorica della no pertenece a la memoria, como dixo el Doctor Huarte: porque no conſiſte en ſolo ſaber las leyes de memoria, ſino ſu ſentido, y la razon dellas, y la razon de la razon haſta llegar a la fuente y origen de la razon natural. Y eſto no es officio de la memoria, ſino del entendimiento, cuyo exercicio es raciocinar; y aſsi mientras mas capaz de razon

fuere

fuere el que eſtudiare eſta facultad, ſera mas apto para ella. Pues ſegũ doctrina de Ariſtoteles los muchachos ſon mas promptos para deprender, pero no la Iuriſprudencia; en la qual los de mas edad, ſon mas capaces. La experiencia nos offrece cada dia mil exemplos. De Seruio Sulpicio, y de Baldo, dize Zaſio, que vinieron tarde a las Eſcuelas; pero que ſalieron preſto letrados: porque ſegun Ariſtoteles los mancebos ſon mas preſtos en deprender, pero los viejos de mayor entendimiento. Y aludiendo a eſto dixo en eſta gloſſa: por eſſo el demonio es tan ſabio, porque es tan antiguo, y experimentado. No por eſſo admito por eſtudiantes a los viejos, de quien dixo Fabro, Si vieres al viejo, que comiença a oyr la Inſtituta, bien le podras dezir que ſera abogado en el otro ſiglo. Ni tampoco admito a los muchachos de tierna edad; ſino ſolamente aquellos, en quien la luz de la razon ha amaneſcido: porque eſta dize Ciceron, comiença a reſplandecer en la ſegunda edad, q̃ llaman adoleſcencia. Y aſsi Angelo en el proemio de la Inſtituta pondera, que el Emperador Iuſtiniano dirigio eſte libro a la Iuuentud, que es lo miſmo que a los que ya ſon adoleſcentes, como a gente ya reformada para poderſe engolfar en el Oceano de la Iuris Prudencia. La ſegunda calidad es el lugar: no ſe ha de eſtudiar en el proprio, donde el animo ſe diuierte a muchas coſas; donde el regalo de la caſa paterna ſe oppone al trabajo; los amigos roban el tiempo, y otras oraciones el entendimiento. Y ſi alguno huuiere digno de tan grande alabança, a quien faltaron eſtos vicios no le hara falta la inuidia popular, que como orin le deſluſtre lo mas fino de ſus virtudes: porque ſi ſe auentaja en el ingenio, y letras a ſus conterraneos la inuidia de ſus iguales le degradan del lugar, que le dan ſus letras, diziendo con los Hebreos: Por ventura no es eſte el hijo del carpintero? porq̃ no puedẽ ſuffrir, q̃ el mayor en meritos lo ſea en las dignidades. Por eſto dixo Chriſto, q̃ ninguno en ſu tierra

era

Ariſt. 1. Ethicor.

Zaſio in l. 2. ff. de orig. iuris col. 56.

Ariſt. p. 30. probl. 4. gloſ. in c. ſciẽdum 26. q. 4.

Fabro in proœmio Inſt. col. 6.

Angel. num. 6.

Marci c. 6. & ib. Gloſ. ordinaria litera. C.

era bien recebido Propheta. Sal detu tierra, dize Dios a Abrahan; dexa la casa de tu padre, y la communicacion de tus parientes, y ve al lugar, que te enseñare, donde engrandecere tu nombre, y echare mi bendiciõ. Es piedra de muchas virtudes la patria agena para el forastero; porque le haze cortes en el trato; modesto en las palabras, suffrido en las cosas aduersas; templado en las prosperas; agradecido en los beneficios; estudioso en las sciencias, y deuoto en las tribulaciones. Por esto San Hieronymo con gran erudicion aconseja a Paulino, salga de su tierra a buscar la sabiduria diuina, animandole con exemplos de illustres varones, que dexando sus patrias fueron peregrinos por las agenas.

Y este lugar del estudio no ha de ser el mas cercano: porque la peregrinacion del, que quisiere saber ha de tener las calidades del, que huye de lugar apestado; luego, lexos, y voluer tarde. Luego: porque ay muchos peligros en la dilacion, y varios successos de fortuna en la tardança: y si se dilata de oy para mañana succedera caso, que impida el viage y frustre el desseo paterno. Y es consejo prudente executar con celeridad la resolucion deliberada, *festina lenter*. La segũda calidad es, yr lexos, porque ni se ha de quedar el estudiante en su tierra ni cerca della, que sera incidir en el mismo peligro, y caer en Scylla procurando huyr de Charybdis: porque el amor de la patria frequentado con cartas le inquietara, como sino estuuiera absente della; y todo el curso se le yra en yr, y venir a fiestas, de suerte, que parezca mas ordinario de estudiantes que estudiante ordinario. Por esto Cicerõ embio a su hijo Marco a estudiar a Athenas tan lexos de Roma, que la distancia de las leguas le destetasse del amor de la patria. Ha de ser la Vniuersidad lexos de la patria copiosa de estudiantes, y maestros, por que en la abũdancia dellos ay buenos, y mejores, que elegir, y estudiãtes de floridos ingenios, por cuya cõmunicacion se abren los ojos del entẽdimiento al conocimiento de varias sciencias, Este fue consejo de

Caccialupi in modo stud.

Caccialupi alabando a Bolonia, que en tiempo de Azõ dize, que tenia diez mil estudiantes, y en los nuestros ha tenido pocos menos Salamanca.

L.2.tit.31.par.2

Y la ley de la Partida puso otras calidades; por lo qual la referire a la letra. *Para Vniuersidad hase de buscar vn lugar de buen ayre, e de fermosas salidas, e donde los Escolares viuan sanos, e se puedan folgar e recibir plazer en la tarde, quado se leuantaren cansados del estudio. Otro si deue ser abundada de pan, e de vino, e de buenas posadas, en que puedan morar, e posar su tiempo sin gran costa. Otro si dezimos, que los ciudadanos de aquel lugar, do fuere fecho el estudio deuen mucho guardar ê honrar a los Maestros e a los Escolares, e a todas sus cosas.* La vltima calidad es, voluer tarde: porque no estoy bien con el estudiante, que va el dia de S. Lucas a Salamanca, y se buelue el vltimo dia del curso inclusiuè; primero que compone el aposento, y los libros se le passa vn mes, y otro que gasta en despedirse de los amigos, antes que se acabe el curso; y en quatro meses que le quedaron vtiles vio mas comedias que oyo liciones. Soy de parecer, que el desseoso de saber no buelua hasta ser graduado: porque poco sabe el que poco estudia, dize Iason, y el que estuuo poco en el estudio se presume ignorante, dize Paulo: porque ninguno de repente puede ser docto. Y es impossible, dize la glossa, deprender mucho en poco tiempo, si su falta no supple la abundancia de ingenio. Por esto dezia Gualtero, que para ser vno buen estudiante, auia de tener tres calidades, bolsa de oro para los grandes gastos, y muchos libros, cabeça de hierro para el contino trabajo, y assiento de plomo por el que auia de tener en las escuelas. De las dos vltimas circunstancias, maestros y libros tratare en otro lugar mas a proposito.

Ias. 1 l. siquis ante per illum tex. ff. de adqui. pos.
Paulo in l. Pomponius 2. in fin. ff. de neg. gest.
Gloss. in cap. tunc ex literis verbo instructus de in integr rest.
Et de pœnitentia dist. 2. §. & quæ de charitate.
Gualtero lib. de iurisprudentia.

Como

Como la Iuriſprudencia es verdadera ſciencia.

Cap. IIII.

CELSO Y Vlpiano dixerõ, que la Iuriſprudencia era ſciencia, y no ha faltado quien atreuidamente lo aya negado, ni quiẽ reſponda a ſus argumentos ſolida y eruditamente, como fueron Franciſco Pancinibo, cuyos fundamentos traslado Caſſaneo ſin citarle, Luys Peleo, y mejor que todos Pedro Andres de Gama. Solo refiere ocho argumentos, porque en ellos y en ſus reſoluciones incide todo lo demas, que en eſte propoſito ſe eſcriue.

In l. 1. ff. de iuſtit. & iure.

Pãcinibo ꝗ Lamij num. 4.

Mateazo c. 8. lib. 1.

Caſſaneo in cata. lib. 10. par.

Caſsio. 18.

Corraſio de iuris arte c. 14.

Peleo de confutatione eorũ, qui ſcibilẽ ſcientiam negant.

Gama de veritate ſcient. legum.

PRIMERO ARGVMENTO.

ARgumento es de ſalud corporal la armonia, y conueniencia de los humores; y no de otra manera es verdadero indicio de la que es ſciencia, o arte la concordia de ſus preceptos: por lo qual ſe excluye de el numero de las ſciencias la que tiene preceptos contrarios, de los quales no ſe percibe doctrina cierta y determinado fin. Deſta calidad es el Derecho Ciuil, en el qual ex diametro pugnan vnas leyes cõ otras, y ſe encuentran las opiniones de vnos y otros Conſultos: y aſsi la Iuriſprudencia no merece titulo de ſciencia. Y ſe pudiera esforçar eſte concepto con muchas leyes, que ſon indiſſolubles antinomias, o alomenos tenidas por tales en las eſcuelas, cõtra la autoridad de Iuſtiniano, que niega auer ley encontrada en el derecho.

L. 2. C. de veter. iure enuclea.

SOLVCION.

LA ſolucion deſte argumento es facil, conſiderada la diffinició de la ley, ſegun Tulio. La ley (dize Cice-

Iulio lib. 3. de re publ.

Ciceron) es vna recta, constante, y sempiterna razon derramada por todas las gentes, y para todos los tiẽpos: Con este presupuesto no se hallara repugnãcia de ley, aunque parezca encontrarse con otra, sino vna misma, la razon de todas teniendo cuenta con el lugar y el tiempo, en que se hizo: porque segun la variedad delos lugares, y tiẽpo se varian, dize el Pontifice, los derechos. Y assi aunque las leyes de los Digestos lo dizẽ, y Autenticos parezcan encontrarse, en realidad de verdad no se encuentran consideradas las circunstancias del lugar, y el tiempo. Demas de q̃ este argumento no prueua precisamente, que la Iurisprudencia no sea sciencia, por tener contrarias opiniones: pues en qualquiera otra sciencia por cierta q̃ sea ay las mismas contrariedades. Y desplegando vn poco este concepto, y discurriẽdo por las Mathematicas diciplinas, veo que Platõ, y Aristoteles con los antiguos dixeron, que eran ocho los orbes Celestiales, el Rey don Alonso, el Sabio cõ los modernos q̃ diez: Y a todos han corregido otros mas modernos, añadiẽdo el vndecimo cielo immobil, lugar de los Bien auẽturados. Pues en la astrologogia los Egypcios fuerõ oraculos cõ los Persas, y Babylonios, cuya doctrina reprueua Ptolomeo, y la de Ptolomeo Albumazar: pues en la sciẽcia natural Platon, y Aristoteles andã encontrados, el vno diziẽdo, q̃ el mundo fue ab eterno, y el otro que tuuo principio. Si de la naturaleza del anima se leẽ los Physicos apenas se hallã dos, q̃ cõuengan; pues aun las dos lumbres de la Philosophia se contradizen, como refiere Macrobio. Pues si se llega a la Medicina Hippocrates, y Galeno, que son los polos della, siẽpre estan vãderizados. Pues si se viene a los Sophistas se encuentran con Aristoteles contrario a si mismo sobre si lo par y impar es proprio de cãtidad, o se reduze a relaciõ. Pues los dialecticos no ignorã, q̃ Aristoteles dixo, que animal racional se dize de solo el hõbre, y Porfirio, que se cõprehẽdia tãbien el Angel. Dexo de referir, por no cãsalles, cõtrarias opiniones de los Mathematicos, Rhe-

Macrob. 2. Serm. Cap. 13.

Aristoteles Cap. de quantitate & in c. relatorum.

toricos,

toricos, y Grãmaticos. Y concluyo conque de todos estos exẽplos resulta, q̃ no porque vna sciencia tenga cõtrarias opiniones, dexa de serlo: y que assi no concluye este argumento, ni tiene aparencia de ello.

II. ARGVMENTO.

LA sciencia ha de ser de cosas immutables, y eternas, dize el Philosopho: y el Derecho Ciuil es vario, e inconstante, como dize Aristoteles; luegò no es verdadera sciencia.

Aristoteles lib. 6. Ethi. cap. 5. & 6. & lib. 1 cap. 3.

SOLVCION.

DE la solucion del argumento primero resulta la de este, presupponiendo, que las artes, sciencias, o leyes no pueden ser respeto de nosotros eternas; quiero dezir, desde su principio conocidas de nosotros: pero respecto de si mismas y de la naturaleza son eternas: porq̃ jamas se apartarõ de la mẽte diuina: de dõde nace que se puede dezir inuentor dellas el q̃ las conocio, y hallo primero: aunq̃ solo Dios sea el autor de todas. Quãto al ser immutables, digo q̃ el Derecho Diuino, y natural (del qual como de vna fuẽte se deriua el arroyuelo del Derecho Ciuil) es eterno è immutable. Y no es vario y mudable el Derecho Ciuil, porq̃ se obserue diuersamẽte en vna prouincia, q̃ en otra: porq̃ essa variedad y mudança es cõforme al mismo Derecho natural, q̃ dicta q̃ si la vtilidad, ò necessidad pidiere obseruancia cõtraria a la ley essa lo sea: porq̃ la ley sirue al tiẽpo, y al lugar, y lo que en vno parece vtil, en otro es necessario no guardarse: y los casos nueuos tienen necessidad de nueua decision. Y el mismo Dios, q̃ dixo, q̃ era immutable, mudo en el testamento nueuo mucho de lo q̃ auia mãdado en el viejo. No obsta dezir, q̃ siẽdo el Derecho natural immutable, lo q̃ dicto y dispuso en vn tiempo, no ha de mudar en otro: porq̃ se respõde, q̃ el Derecho natural, respecto de si no se muda, ni es mudable: pero lo es respecto de las circũstancias, y accidẽtes. Con este exemplo parecera mas claro; El ayre respecto de si đ vna mesma calidad es:

§. Sed naturalia Instituta de iure natural. 16. diuina quadam prouidentia &c.

Cap. fraternitatis 24 distinctione. L. de ætate §. ex causa ff. de interrog. act. cap. non debet de consang. & affini.

pero variase por la variedad de las prouincias, que mas templado es en Francia, que en Alemania, ni España, pues todo es vn mismo ayre, el qual no se muda respecto de la substancia, sino de los accidentes.

III. ARGVMENTO.

LA sciencia ha de constar de preceptos vniuersales y no particulares; pues vn derecho se guarda en Italia, otro en España: vnas leyes tienen los Turcos, otras los Tartaros: luego no es el derecho sciencia.

SOLVCION.

Ciceron in lib. 1. de leg.

LA solucion es facil, voluiendo los ojos a la diffinicion de Ciceron, que la razon de la ley es vniuersal, porq̃ es vn dictamen natural, al qual todas las gentes obedecen, y a todos comprehende, Turcos, Tartaros, Abyssinos, y Americos, aunque no esten sujetos al Imperio.

IIII. ARGVMENTO.

§. Minor Instit. de adopt.
§. Ius autẽ gẽtiũ. Instit. de iure natura.
§. Instit. de vsucap.

EL arte ha de imitar a la naturaleza; pues el Derecho Ciuil no solo no la imita, pero le repugna; pues por el se introduxo la seruidumbre, contraria al Derecho natural, y la distincion de dominios, y la vsucapiõ, y prescripcion, que parece, que metieron en el mundo los pleytos: pues quitando este mio y tuyo quedaria en paz, luego no es sciencia.

SOLVCION.

L. 3. tit. de vsuca. Ibi ne rerũ dominia in certo essẽt.

La soluciõ deste argumẽto pẽde de saber, q̃ el Derecho natural se toma equiuocamẽte, vnas vezes por el diuino; otras por el instinto natural, otras por el dictamẽ de la razõ; al qual como al diuino nũca repugna el Derecho ciuil, cõfiesso, q̃ la vsucapiõ la introduxo el Derecho ciuil, y q̃ antes del no la auia; porq̃ estando todas las cosas en comun, en comun, no era neceſſaria: pero deſpues de diſtintos los dominios, pareciendo a los Legisladores no ſer conueniente a razon, que los dominios de las coſas fueſſen inciertos, y ſin conocido ſeñor, introduxo la vſucapion; y el Derecho natural la aprobo, como a recta razon.

Lo miſmo es en la eſclauitud, que pareciẽdo a los hõbres, que era coſa mas vtil y llegada a razon ſeruirſe de los captiuos, que matarlos, induxo la ſeruidumbre: luego, ſi huuo en ello mayor razon, el miſmo derecho natural lo perſuadio. No obſta, que el Emperador Iuſtiniano dize, que la ſeruidumbre es contra el derecho natural, porque quiſo dezir, que no fue inuentada por el derecho natural, ſino que el de las gentes la introduxo; porque antes no auia guerras; y aſsi era fuerça no auer eſclauos, ni ocaſion de introduzir ſeruidumbre.

§. Serui autem. inſtit. de iure perſonarum.

§. Seruitus autem eſt inſtit. de iure perſonar.

V. ARGVMENTO.

NO merece nombre de ſciencia la que menoſprecia las diffiniciones; porque la diffinicion, ſegũ Ariſtoteles es la cauſa de la ſciencia, y el ſaber es conocer la coſa por ſus cauſas: pues la Iuriſprudencia no admite diffiniciones, ſino las excluye por peligroſas: luego no es ſciencia.

Ariſt. lib. 6. topico. cap. 1.

L. omnis diffinitio. ff. de reg. iuris.

SOLVCION.

FAlſo es dezir, q̃ la Iuriſprudẽcia reprueua las diffiniciones, antes las aprueua; y no es buena illaciõ de lo contrario, q̃ Vlpiano diga ſer peligroſa la diffiniciõ para encarecer la difficultad, q̃ auia en diffinir las coſas eſſencial y quiditatiuamente: porq̃ de la manera, q̃ a la lechuza ciegã los rayos del Sol, deſſa miſma dize Ariſtoteles mientras nueſtra alma eſta detenida en la obſcura carcel del cuerpo, eſta ciega para conocer las cauſas de las coſas, y poder diffinirlas, porq̃ la diffiniciõ ha de conſtar de genero y differencia; la qual ſiẽpre no es cierta, y cõſtãte: luego no dixo mal Vlpiano, ſiguiendo las piſadas del Philoſopho q̃ la diffinicion era difficil, y peligroſa, aprobãdolas deſpues en muchos lugares q̃ por ſer

L. 1. §. non fuit autem ff. de dolo malo.

Ariſtoteles lib. 2. mete.

 mas

mas laborioso, que ingenioso no refiero. Demas de que las palabras de Vlpiano se pueden entender delgadamente, que por las muchas limitaciones que padecen las reglas generales, es peligroso fiarse de las reglas, y proposiciones vniuersales, que llamo con nombre de difinicion.

VI. ARGVMENTO.

EL arte es vna collection de preceptos: y esta certidumbre se entiende, o de la materia de los preceptos, o del numero dellos. De la certidumbre de la materia se oppuso en el segundo argumento, a que esta satisfecho. En este solo se oppone de la certidumbre del numero de los preceptos; pues las leyes son innumerables, y asi es incierto el numero dellas; luego no es sciencia.

SOLVCION.

COnfiesso con el Emperador Iustiniano, que antes del era casi infinito el numero de las leyes: pero cierto y determinado: porque auia dos volumines, que tenian trezientas mil leyes, o respuestas. Pero despues del es certissimo el numero dellas: porque el Digesto Viejo tiene 2928. el Esforçado 2234. el Nueuo 2983. el Codice, que contiene nueue libros 3608. el Volumen, que contiene los tres vltimos libros del Codice 954. y todo el cuerpo del Derecho Ciuil contiene 12707. con. 215. autenticas.

VII. ARGVMENTO.

Arist. 1. physicorum.

EN las sciencias dize el Philosopho, que ha de auer orden y disposicion legitima de preceptos, y el Derecho Ciuil esta tan confuso, que parece imposible reduzirlo a metodo y orden; luego no es sciencia.

SOLVCION.

TOdas las sciencias, se enseñan por los terminos mas generales, y conocidos de nosotros, procediendo *â priore*, que es por el conocimiento de las causas, o *â posteriore*, que es por sus effectos. Los Iurisconsultos, q̃ no ignoran

ignoran eſtos preceptos procedieron en la cõpoſicion del Derecho de la diffinicion, a diuiſion, y de la diuiſiõ a la materia: y eſta la diuidieron en tres partes, coſas, perſonas, y actiones, como ſe ve en la Inſtituta, y en los demas volumines del Derecho: luego reduzido eſta a methodo y orden de ſciencia.

VIII. ARGVMENTO.

SI la ſciencia es conocer las coſas por ſus cauſas, arguyendo de vna propoſicion mayor a otra menor, y de eſtas dos vna ſequella, los Iuriſtas no tienen eſte modo de arguir, fundando ſolamente ſus propoſiciones en la autoridad de vna ley, ſin dar mas razon, de que aſsi eſta eſcripto; luego no es ſciencia.

SOLVCION.

NO es cierto dezir que los Iuriſtas no tienen modo de arguir; porque no vſen del que tienen los Dialecticos; y pues cada ſciencia tiene ſu modo particular de arguir, y raciocinar como dize el Philoſopho: y la Iuriſprudencia tiene ſu modo ſcientifico concluyente ſegun ſus razones, y cauſas: demas de que los Iuriſtas tambien vſan de argumentos logicos, como ſe podra ver en Bartolo, Baldo, y Alberico. Y ſi el ſaber es conocer las coſas por ſus cauſas, los Iuriſtas dan la razon de dudar, que huuo para hazer la ley: porque no ſe haze ſino en caſo dudoſo; y la razon en que ſe fundo para hazer el legislador. Y no ſolo es ſciencia practica, que ſirue al vſo humano, pero tambien eſpeculatiua; porq̃ no eſtã determinados por ley todos los caſos, que ſucceden, y es meneſter determinarlos, por las reglas vniuerſales. Y eſto no ſe puede hazer ſin eſpeculacion, procediendo por razones, argumentos, ſimiles, e inductiones: porq̃ es miſerable el entẽdimiẽto del letrado, dize Paulo, q̃ reſponde a los caſos por ſolo lo q̃ halla, eſcripto. Y no ſolo es ſciẽcia pero ſapiẽcia ſegũ Vlpiano, q̃ la llama ſanctiſsima ſapiẽcia, y el Emperador Iuſtiniano la llama legitima y verdadera ſciẽcia, y Vlpiano el mas copioſo de los conſultos la llama arte de conocer bueno, y malo.

Ariſt. 1. poſter.
Bart. in l. is qui ducentum §. vtrũ ff. de rebus dubijs.
Bald. in l. in teſtiũ 1. C. de teſtibus.
Albert. in dictionario verbo argumentum.
L. Labeo ff de carbo. edicto.
L. antiquæ. C. de furtis.
Paulo in l. Clodi⁹. ff de adq. hæred.
Vlpian. in l. 1 §. proinde ff. de varijs & extraord. cog.
Iuſtin. in proœmi. ff. vet.
Vlpia. in l 1. ff. de iuſt. & iure.

Como la Iurisprudencia es vna de las mas nobles sciencias, y que mas enno blece a sus professores. Cap. V.

QVALQVIER Sciencia generalmente ennoblece al hombre. Y para comprouarlo no es necessario traer lugares de letras humanas, donde abundan las diuinas. Mas noble es la sabiduria, que todos los nobles, dixo el Sabio, en otro lugar, mucho mejor es la sabiduria, que todos los thesoros y riquezas del mundo: porque todo lo que el coraçon humano puede dessear es inferior a la sabiduria; y porque Salomon pidio esta a Dios merecio titulo de Sabio, pues entre las sciẽcias, q̃ sea mas noble la Iurisprudẽcia, cõprouado esta por su origen, sus effectos y su fin.

Sapient. c. 7. *Prouer. c. 8.* *Sapient. c. 9.*

Por su principio; porq̃ aũq̃ de todas las sciẽcias fue el inuetor solo Dios, pues todas procedierõ de su sabiduria diuina; para lo qual es buẽ lugar el de Baruc, quãdo hablãdo cõ Christo dize, Este hallo todas las sciẽcias, y las dio a su muchacho Iacob. La Iurisprudẽcia la enseño en el Parayso, quãdo Dios puso precepto a Adã de q̃ co miesse del arbol de la vida, y por su contrauẽciõ fue citado por Dios, acusado y recibio la sentẽcia, y executada la pena; lo q̃ se tiene por mas cierto es q̃ tuuo principio, quando Dios dio a Moyses la ley en el monte Sinay, el qual la recibio, y nõbro juezes para la administraciõ de la justicia. Por lo qual dixo Platon, q̃ todas las sciẽcias se auiã originado de Prometeo, q̃ significa la humana prouidencia. Lo mismo reconocierõ todos los demas Gẽtiles, attribuyẽdo la inuenciõ de las leyes, vnos a Iupiter, otros a Apolo, otros a Minerua, y como quiera todos a Dios

Baruc. c. 3. *Exod. c. 31.* *Adam vbi es c. cũ Deus omnipotens.* *Exod. c. 18.* *Plato in Protagora.*

Dios, quia omnis lex inuētū ac munus Deorū est. l. 2. in princip. ff. de legibus. Y Marsilio Fiscino dio la razon. Apolo significa la potēcia, la clemēcia Iupiter, Minerua la sabiduria; y por estos atributos fingieron que Minos Legislador de los de Creta, recibio de Iupiter las leyes; Lycurgo Legislador de los Lacedemonios las recibio de Apolo: Solon Legislador de los Athenienses las recibio de Minerua, dando a entender, que ha de ser el Legislador poderoso, y porque ha de ser señor soberano, clemente, y sabio. Y reduziendo lo que dixo la ciega Gentilidad a lo que es verdad Catholica, digo, que a Dios, que es Trino en personas, y author de las leyes, se le atribuyen sus dotes, la Potencia al Padre, la Sabiduria, al Hijo, y la clemēcia al Spiritu sancto. Y teniendo respecto a la excellencia de este numero ternario diuidio el Emperador Iustiniano los Digestos en tres tomos, Viejo, Esforçado, y Nueuo, y sus leyes en otros tres, Codice, Instituta, y Collaciones. Y el Codice en dos volumines, el vno que contiene el derecho publico. Y este diuidio en tres libros, y porque tres vezes repetido el numero de tres hazen nueue, diuidio el otro Codice, que toca al derecho de los particulares en nueue libros, y las collaciones en otros nueue: y todo el cuerpo de los Digestos en treynta y seys libros, que hazen quatro nouenos. Y lo que dixo Platon, que Minos, el que dio las leyes a los de Creta, gastò nueue años en vna cueua para deprenderlas, significando, dize Marsilio, las nueue Hierarchias de los Angeles; por las quales Dios comunica a los hombres las leyes, que han de establecer, no es fabuloso; las diuinas letras nos dizen, por mi reynan los Reyes, y los Legisladores determinan lo que es justicia. Esto se entiende por medio de los Angeles Custodios, que tienen los Principes, y sus consejeros, a quien reuelan la voluntad diuina: y a esto alludē las leyes quādo dizē, q̄ las leyes se promulgā diuinamente por la boca de los Principes. De todo esto infiero, que la Iurisprudencia no solo es sciencia noble, pero nobilissi-

Plato in Protagora.

Prouerb. ca. 8. Cor Regis in manu Dei.

L. fin. C. de praescript. longi.

L. 1. §. sed neque. C. de vet. iu. enuc.

In l. prouidendum. C. de postulando.

In l. dixim⁹ in fi. ff. de execut. tuto.

bilissimos, como dizen los Emperadores, Valente, Valentino, y Graciano. Y assi el Iurisconsulto Modestino llamò nobilissimo a Paulo, y en otra parte clarissimo; de donde nace el respecto y reuerencia con que los Principes tratan a los Iuristas, mandandoles cubrir y dar assiento en sus Reales consejos, dize Azon; y primero lo auian dicho los Emperadores Valente, Theodosio, y Archadio, donde ponen cierta pena contra los que a los Abogados denegaren la entrada en sus Consejos, y el deuido respecto ò assiento en sus Tribunales, dando doctrina a los demas del honor, con que se han de tratar: porque ninguno por grande que sea los pueda llamar hermanos, sino señores, como los llama el Emperador Iustiniano, honrandolos con varios titulos, ya de amigos, ya de parientes, y otras vezes de Padres, y vltimamente de excelentes, y magnificos, titulo honorifico de los Grandes de Castilla: y con los mismos titulos los honra el Principe de la Philosophia. Y por esto el Papa Vrbano recibio al beso de Paz a Angelo de Perusio, cortesia solamente deuida a los Principes: y Ciceron alabando la dignidad del Abogado dixo: Sin duda es la casa del Iurisconsulto el oraculo de toda la ciudad. Testigo es la portada de Quinto Mucio, cayendose de vieja, y honrada con assistencia de los mejores ciudadanos, por la adquisicion de la Iurisprudencia, que es por el primer grado. En ella se adquiere, dize Bartolo, nobleza de animo por el titulo de Doctor en ella. Otra segunda nobleza por este titulo es dignidad: y esta se dize nobleza politica. Y otro tercero grado de nobleza se consigue por la judicatura, que son esmaltes del oro de la sangre mas noble, pues por ellos se hazen los hombres capaces de gouernar el mundo, dize Iustiniano, alcançando por la virtud la corona, que por naturaleza se les denegò la fortuna, y midiendo con los trabajos las riquezas que quieren tener.

In l. custodias. ff. de publicis Iudi.
In l. quicquid. C. de aduo. diuer.
Azo. in proœm. in stit.
Iustin. in proœm. Instit.
Authen. habita. C. ne filius, l. diui ff. de iure patron. l. ex diui. C. locati. l. 2. C. de offic. diuers. iud.
Aristot. in lib. 4. Ethic.
Angel. in l. cũ salutat. C. de sent. passis.
Cic. lib. 1. de Ora.
Barto. in l. iudices C. de digni. lib. 12.
Iust. in proœm. Instit.
Zabarel. in cle. 2. de Magist. q. 3.
Alexand. in l. Centurio. ff. de vulga.

Dat

Dat Galenus opes, dat sanctio Iustiniana:
Ex illis paleas, ex istis collige grana.
Stat Galenus eques gemmis præcinctus & auro,
Plato pedes, peditem ducit Aristotelem.

Y el que desseare saber los priuilegios del Iurisperito leera a Zabarela, Alexandro, y Bologuino, que los reduze a ciento y treynta.

Es tambien esta sciencia noble por sus effectos: porque la ley es el alma de la Republica. Porque no de otra manera que vn cuerpo humano no puede persistir sin alma, que lo viuifique, assi la Republica no puede permanecer sin la virtud de la ley que la conserua: que digo, vna Republica, ni aun la pequeña familia de vna casa, dize Macrobio. Lo qual vereys claramente, assi por los males que cada dia la ley cura, como por aquellos, de que preserua a la Republica. Quien refrenàra el pueblo furioso para tomar las armas, si la ley no prohibiera la fuerça? quien inuitara al hombre a la virtud, y lo apartara del vicio, sino la ley que premia al bueno, y castiga al malo? quien persuadiera a preferir el bien publico al particular? Quien pacificara la tierra de los Piratas del mar? Quien diera lo que es suyo al pobre, al huerfano, a la viuda, al preso, al peregrino si faltara la ley, por la qual se administra justicia? porque vn Reyno sin ella es vna cueua de ladrones, dize Augustino. La ley es causa de que se habite la Republica, y cada vno goze con seguridad sus bienes, porque refrena la audacia de los atreuidos, y haze que en medio de los calũniadores estè segura la innocencia. Es la ley presidio del vniuerso; corona de los Reynos; priuilegio de seguridad, medicina de enfermedad; madre del siglo de oro; paz de los pueblos; immunidad de la plebe; alimẽto de la gẽte; alegria de los hõbres; templança del ayre; serenidad del mar; fertilidad de la tierra; cõsuelo de los pobres; herẽcia de los hijos; y esperança del cielo, dize S. Cypriano.

Lex est omniũ diuinarũ & humanarũ rerũ regina. l.2. ff. de leg. §. 1.

Macrob. lib. 1. de somno Scipionis.

L. 1. C. de sedicio. l. 1. ff. de vi & vi armata.

August. lib. 4. de Ciuit. Dei.

Lib. 12. de allusionibus.

El fin de la Iurispudencia es la felicidad de la vida humana: porque a esto attiende; constituyr al genero

1. Ethi. c. 1.

genero humano en politica felicidad, porque las leyes correſpõden a aquella parte de la Philoſophia, que llaman Ethica, y eſta mira a las buenas coſtumbres, y tiene por fin, dize el Philoſopho, la felicidad humana. Eſta doctrina comprueua el Angelico Doctor, cõ que el fin del Derecho es la felicidad humana: porque la deſenfrenada codicia de los hombres peruertiria todas las coſas, ſi la juſticia no refrenara ſus apetitos con el freno de ſus leyes. Por lo qual las llamò Ariſtoteles, conſeruatiuas de la felicidad humana: porque por ellas, dize Tulio, ſe viue bien y bienauenturadamente.

D. Tho. 1. 2. q. 50 art. 2. & q. 55. ar. 1.

Ariſt. 7. Ethic.

Tulio. lib. 2. de of.

De los Juriſconſultos, ſus leyes, erudicion, y bondad.

Cap. VI.

EL officio de los Iuriſconſultos, de cuya prudencia ſe compuſo el Derecho Ciuil fue ſegun Marco Tulio, conſeruar la republica cõ rectos y honeſtos conſejos, adminiſtrando juſticia, y equidad: y en otro lugar que ſon los Iuriſconſultos los que interpretan el Derecho, dando conforme a el reſpueſta a los caſos particulares. Los mas antiguos fueron, Labeo, Aecio, Capiſo, Nerua, Sabino, Iaboleno, Paulo, Domicio, Vlpiano, Sceuola, y otros diſcipulos de aqueſtos, cuyas reſpueſtas eſtã en los ff. ff. Dos ſectas dize Pomponio que vuo deſtos. Vna de Labeon, Nerua, Proculo, y Pegaſo llamada Proculiana, y Pegaſiana. La otra de Aecio, Maſſurio, Caſio, Sabinio, llamada Sabiniana, y Caſsiana. Los Proculianos ſiempre inueſtigauan la propriedad de las palabras, y por el contrario los Sabinianos lo que ſonauan las palabras. Dize Ciceron entre los Iuriſconſultos algunos

Pomponio in l. 2. ff. de orig. iur. ſpe finem.

Tul. Phil. 5. & li. 2. de legib.

Ciceron pro Mur.

algunos dan el primer lugar en tiempo a Labeon, el ſegundo a Maſſurio, el tercero a Proculo. A eſtos ſiguieron Iuuencio, Celſo, y Neracio, que fueron del conſejo de Trajano. Deſpues ſuccedieron Celſo el hijo, Iaboleno, Iuliano, Voluſio, Valente, Tertuliano, que dio nombre al Senatuſcõſulto Tertuliano. Luego Sceuola Maeſtro de Papiniano, Clemente, Marcelo, y Marciano, y deſpues dellos Panſinuno; cuyos diſcipulos fueron Põponio, Alfeno, Africano, Florentino, Marciano, Caliſtrato, Hermogenes: cuyos diſcipulos tambien fueron Paulo, y Vlpiano, aſſeſſores de Marco Aurelio. Aũque ſe lean con mucho deſvelo todos los libros de las humanas letras, no ſe hallara en ellos coſa tan iucunda y elegante, que comparada con las reſpueſtas de los Iuriſconſultos no ſea inſipida y de menos elegancia. Tres coſas hallo en las leyes de los Conſultos dignas de humana admiracion. La primera; que no contienen fabulas, ni comenticias narraciones, coſas indignas de ſaberſe, dize San Pablo, ſino preceptos morales, neceſſarios para la vida humana, y preciſos para la eterna: y todas las leyes tan vniformes para eſte fin, que no parecen eſcriptas por diuerſos Iuriſconſultos, ſino por la pluma de vno Lo ſegũdo el eſtylo de las leyes tan lleno de erudicion, y elegancia, que ſi el Principe de la Romana eloquencia Marco Tulio quiſiera eſcribir leyes, no las pudiera mejorar. Lo tercero, porque ninguno ha auido tan rhetorico que pueda juntar con eloquencia breuedad, y en las leyes no eſtà determinado, qual ſea digno de mayor admiracion, ſu breuedad ò eloquencia. Muchas vezes leì, dize Laurencio Vala, los cincuenta libros de los Digeſtos, con gran guſto y confuſion; porporque ignoraua, quien merecia mayor alabança, la diligencia, grauedad, prudencia, equidad, erudicion, ò dignidad de oracion: y todas eſtas calidades ſon tan iguales en los Iuriſconſultos, que no halle vno que poder preferir a otro: principalmente ſiendo todos de diuerſo tiẽpo, y eſcuela, y no de vna miſma. Pues dexando la elegancia

1. ad Timot. ca. 4.

gancia de las leyes,y llegando a la entereza de vida y co stumbres de sus authores, qual otra ha sido mayor en el mundo? Porque si los Philosophos antiguos dieron sen tencias y preceptos dignos de memoria, fueron indig- nos de las costũbres de sus authores. Porque si algunos menospreciaron las cosas humanas, fue con ambicion de captar la beneuolencia del pueblo, y ser señores de todo: y a los que no toco este vicio deslustrò, el de Ve nus, y Baco. Otros hablaron con mas libertad, que permite la modestia Philosophica. Otros con temores tyrannicos violaron la verdad, y la justicia; y de otros se señoreò tanto la auaricia que delinquieron contra las leyes, de que ellos mismos fueron Legisladores. Pero la vida de los Iurisconsultos fue igual a su doctrina; sus costumbres semejantes a sus preceptos, mouiendo mas que con ellos con su exemplo. De Neracio Prisco se lee que fue tan bueno, que Trajano por excelencia el bueno, ni dixo ni hizo algo sin su parecer; y huuo fama entre los Romanos, dize Esparciano, que le quiso hazer su successor en el Imperio. Pues de la grauedad, y erudicion de Sceuola buen argumento son sus mismas leyes; ningunas de mas seguro parecer. Y el sapientis- simo Marco Antonio Emperador fue llamado el Philo sopho, por gouernarse por su consejo, segun Capitoli- no. No fue este Quinto Mucio Sceuola el sacerdote, ni el Pontifice Maximo, entrambos contemporaneos de Ciceron, sino Seruilio Sceuola. Pues quien contara las increybles virtudes, y dotes del animo de Papiniano, el mas excellente, y de agudo ingenio de los Iurisconsul- tos, que lo precedieron y siguieron en la primavera de su edad de treynta años? Fue en Roma Prefecto præto- rio, que es primer lugar despues del Emperador, como en España Presidente de Castilla, teniendo por sus as- sessores a Vlpiano, y Paulo Iurisconsultos, que despues le sucedieron en la dignidad: y alcançò tanta authori- dad, que pudo con ella corregir los excessos de su Prin cipe, quitando la sospecha del pueblo, y boluiendolo a

su gra

ſu gracia. Y rogãdole el Emperador Caracala, que le eſcuſara en el Senado de la muerte que auia mandado dar a Geta ſu hermano, reſpondio, *Parricidium non tam facile excuſatur, quàm fit.* Y no queriendo hazerlo murio degollado. O rariſsima bondad! ò fortaleza nunca oyda! ò exemplar exemplo para los conſejeros, no de Gentiles, ſino de Principes Catholicos! Fue de tan grande authoridad, que eſtablecieron Theodoſio, y Valentino, que en el caſo, donde vuieſſe diuerſos pareceres, vencieſſe el numero mayor de authores, y ſiendo iguales la parte donde ſe acoſtaſſe la opinion de Papiniano. Murio de treynta y ſeys años, ſegun el epitaphio de ſu ſepulchro, que refieren Tymario, Rebaldo, y Valentino Froſterio.

Hæc lex extat in C. Theodoſiano.

Aymario lib. 5. hiſto. Iur. Ciuil. nu. 26.

Froſterio lib. 2. eiuſd. Hiſt.

E nilio, Paulo Papiniano Præfecto prætorio Iuriſconſulto, qui vixit annis triginta ſex diebus decem menſibus quatuor, Papinianus Hoſtilius, & Lugena Gracilis turbato ordine in ſenio heu parentes fecerunt filio optimo.

Socino in lib. cum auus in principio, ff. de cond. & demonſtr.

Aunque Socino refiere que murio de treynta y ocho años, pues de Antonino Pio el mejor de los Principes Romanos, en cuyo Imperio ni ſuccedio caſo aduerſo, ni tuuo el orbe mayor tranquilidad: porque ſegun Capitolino ſe gouernaua por los Conſultos Vero, Iuliano, Valente, Meciano, Marulo, y Iaboleno claros varones, pues ſacaron tan claro eſpejo de Principes. Pues Alexandro Seuero, que no degenero de la bondad de Antonino, y fue mas famoſo por la guerra, imagen de la virtud, y gloria de los Principes Romanos con que ayuda y conſejo llegò a tan excelſa cumbre, ſino con la Iuriſprudencia de Sabino, Caton, Vlpiano, Gordiano, Paulo, Claudio, Pomponio, Alfen, Africano, Marciano, Caliſtrato, Hermogenes, Venuleyo, Trifonino, Celſo, Proculo, y Modeſtino, todos diſcipulos de Papiniano, y familiares compañeros de Alexandro? Con tal guarnicion de conſejeros como auia de penſar, ni hazer coſa mala.

Cono-

Conociendo el Emperador la virtud de eſtos illuſtres varones, apartò de ſi la juuentud laſciua que le rodeaua.

La doctrina deſte diſcurſo, ſera adornar ſu perſona el profeſſor de la Iuriſprudencia, de la erudicion, elegancia, y bondad de los Iuriſconſultos, a quien tiene por Maeſtros, imitando las virtudes morales en que reſplandecieron, pues a lo humano no ay gloria mayor que la buena fama; y a lo diuino, las buenas obras ſiguen al hõbre haſta la vida eterna.

La Juriſprudencia haze religioſos y ſacerdotes â ſus profeſſores. Cap. VII.

LOS Iuriſtas ſon verdaderos religioſos, no en el habito, ſino en el animo, vſando de equidad y juſticia; que por eſto ſe llama no ſolo religioſo, pero religioſiſsimo el Emperador Iuſtiniano, y Hoſtiẽſe dixo, que el juez, ò abogado, que obſeruaua el Derecho como deuia, hazia tan buena vida, como el mejor religioſo de qualquier religion. Primero que todos auia dicho Ciceron, que el officio del Iuez enſeñaua religion, pues cõ ſumma ſabiduria hazia lo que le mandaua la ley, caſtigando por ella el amigo, y premiando al enemigo. Y Vlpiano llamò al Iuez, recto religioſo, y no ſolo ſon religioſos, pero ſin orden ſacro ſacerdotes: aſsi los llama Vlpiano, porque ſacerdote ſe dize, el que ſirue al culto Diuino. Con razon llama Vlpiano, ſacerdotes a los Iuriſtas, que ſon miniſtros de la juſticia, la qual ſegun Heſiodo, fue hija de Dios, y por no reuerenciarla en la tierra, ſe ſubio al Cielo con ſu padre, pidiendo vengança contra los mortales. Y Vlpiano alludiendo a eſta Deidad

In proœm. inſtit.
Azo *in proœmio ſummæ. col. 4.*
Greg. *in l. 1. tit. 4. Part. 3. gloſ. 1.*
Iaſ. in l. pen. ff. de iuſt. & iure.
Ciceron pro Aulo Cluencio.
In l. denũt. §. quæritur. ff. de adult.
L. 1. ff. de iuſt. & iure. §. huius ſtudij.
Sapien. cap. 1.

dad

dad de la justicia dixo, *Iustitiam namque colimus*. Y este concepto tiene mas de verdad, que de fabula; pues la Sabiduria llama a la justicia immortal: y Baruch dize, que procede de Dios, dize Esayas. Luego con razon se llaman los ministros de la justicia sacerdotes; pues siruen a Dios, que es el author de la justicia. Por esto dize Cornelio Tacito entre los Alemanes no era licito castigar a nadie, que no fuesse por mano de los sacerdotes, como por ministros, y voluntad de Dios. Y Quintiliano dize, que Seruio Sulpicio llamaua a los juezes prelados de las sagradas leyes. Y en este sentido entiende Pedro Gregorio el lugar de Hieremias, donde dize, No perecera la ley del sacerdote.

Sap. cap. 1.
Baruc. in fin. cap.
Esai. ca. 33.
Tacito lib. de moribus Germanorũ.
Hiere. cap. 8.
Petr. Greg. lib. 1. de iustitia. ca. 3.

Otra razõ trae Accursio: porq̃ assi como los Ecclesiasticos se llamã sacerdotes por ser ministros de cosas sagradas lo mismo les cõpete a los Iuristas, como a ministros de las sagradas leyes; porq̃ debaxo del velo dellas, reside la voluntad diuina segũ David, *Sciui quia iustitia tua præcepta tua sũt*: por lo qual llama el Emperador Valẽtino sacerdotissimas a las leyes. Y por este respecto los Senadores Franceses traen vestido, y bonete sacerdotal. Y por lo mismo dize Aulo Gelio, que ordenò Augusto, q̃ en la sala dõde se juntaua el Senado primero se offreciesse en sacrificio, vino, y enciẽso por la buena deliberacion de los negocios: y hoy los consejos de Principes Catholicos celebrã primero el sacrificio de la Missa. Y Ioan Bodino refiere, q̃ era tradicion entre los Hebreos, que los Angeles assistian en los tribunales para encaminar el entendimiento de los juezes al buen gouierno, y por esto los Egypcios en sus consejos dexauan sillas vazias para que occupassen los Angeles, que auian de hallarse con ellos: agradesciendo con este cortês hospedage el beneficio que recebian.

Accurs. in §. huius studij.
David Psal. 118.
In l. leges. C. de legibus.
Gelio li. 14. ca. 7.
Bodini in sua demonamia. li. 3. c. 4.

Tercera razõ de Hoachin Hisperio Frisio. El officio sacerdotal, dize, era entre los Romanos de dos maneras: a vnos tocaua el cuydado de las cosas sagradas, y a otros la interpretaciõ de los oraculos: y al Iuriscõsulto llama-

l. benignius. ff. de legibus.
l. placuit. C. de indi.

Cic. li. 1. de off. & Phil. 9.
L. scire oportet. §. sufficit. ff. de ex-excu-tut.
L. 2. post princip. ff. de orig. iuris.

uan sacerdote: porque vsaua de entrambos officios. Porque haziendo iusticia castigando delictos, y premiando virtudes offrecia a Dios sacrificio, y declaraua los oraculos, quando interpretaua las leyes difficultosas: y asi con razon los llama, sacerdotes, Vlpiano.

Contra esto podria oponer alguno, que el titulo de sacerdote, no hay razō para q̄ se atribuya mas al Iurista, que al Theologo; pues entrambos tratan de cosas sagradas: el Theologo mas scientificamente. A esto responde Hisperio Frisio que no se requiere en todas las sciencias, mas que agudeza de ingenio para alcançarlas: pero en la Iurisprudencia de mas de el ingenio se dessea vna luz de razon natural, y piedad no vulgar; por lo qual se llama sacrosancta, y sacerdotes sus professores. Y por esto establecieron los Romanos, que el orden de las actiones, y el cuydado de sus formas incumbiesse a los Pontifices, como ministros de cosas sagradas: de donde infiero dos documentos. El primero la conueniencia, e igualdad, que ha de obseruar el professor de la Iurisprudencia: porque *est ars boni & æqui* interpretando la ley, no por las palabras della, sino por el animo y voluntad del Legislador, y razon natural, que esto es el *bonum & æquum*, no limitandose al desnudo sentido de las palabras, que llaman *Ius strictum*. En lo qual dezia Celso, que siempre se yerra conforme aquel adagio antiguo. *Summum ius summam malitiam esse*, y otros *summam crucem*; y Ciceron, *summam iniuriam*. De lo qual alaba a Sulpicio que *non erat iuris*, *sed iustitiæ Consultus*: porque todas las leyes reduzia a equidad: la qual como nascida de los principios naturales, llamo Modestino, justicia natural.

El segundo es la modestia, que ha de tener el professor desta facultad en las costumbres, palabras, y ornato de su persona, como religioso sacerdote, y ministro de la Deidad de la justicia.

Doct-

Documentos que ha de profeſſar el nueuo profeſſor deſta ſciencia. Cap. VIII.

LA puerta, por donde ſe entra en la Sabiduria, es el temor de Dios, dize el ſabio Rey, ſin el nadie pondra el pie en el vmbral de lla. Y el Emperador Iuſtiniano reconociendo eſta verdad, acóſeja a los eſtudiantes, que primero inſtruyan el alma de las coſas diuinas, que la lengua de las humanas: porque ſi ha entrado en el alma la torpeza de algun peccado, ſi entorpece el entendimiento, y la lengua; que ſi bien ſea verdad, que el peccado no priua del entendimiento al hombre lo debilita, y ahoga la viueza, y lumbre natural del. Dize San Buenauentura, no ay que fiar de la grãdeza de ingenio, tenacidad de memoria y eſtudio perpetuo, pues todos juntos ſin Dios ſon gauilanes de corto buelo para dar alcance a la Garça Real de la ſabiduria Y S. Auguſtin eſcriuiendo a otros eſtudiantes haze alarde de los vicios, que mas parenteſco tienen con la juuentud. Huyd, dize, de las corteſanas harpias, q̃ enſuzian el alma: no deys oydos a ſus cõuerſaciones; pues, como dize el Apoſtol, corrompen las buenas coſtumbres: y Iuuenal hablando de la ley de los Athenienſes cerca de la modeſtia y caſtidad de los eſtudiantes, eſcriue eſtos verſos.

Proverb. c. 9.

In ſumma. 3. col tit. 5. cap. 1.

Nil dictu fœdum, viſuque hæc limina tangat;
Intra quæ puer eſt, procul hinc procul inde puellæ
Lenonum & cantus, pernoctantis paraſyti.
Maxima debetur puero reuerentia, ſi quid
Turpe paras, nec tu puer contempleris annos.

El que huye dellas es el valiente, y lleua la victoria, y el que acomete el couarde, y quedara enel cãpo miſerablemente vẽcido. Teſtigos ſon deſta flaqza la ſabiduria de Salomõ, la fortaleza de Sanſon, y la ſanctidad de Dauid q̃ fueron trofeos de victoria del torpe vicio de la ſenſua-

In proem. ff. ff. §. illud. vero.

L. 1. cum ſequent. C. de aleatoribus. & alea vſibus.

Arist. lib. 4. Ethi. cap. 3. & lib. 10. cap. 6.

Cap. non licet. 24. distinct.

Cap. 31.

lidad. Huyd tambien del juego, donde lo menos que se pierde es el dinero, y lo demas estimacion la modestia, y el tiempo. Lo mismo aconseja Iustiniano a los estudiantes, diziẽdo, q̃ son los juegos pessimos y seruiles; y dellos nacẽ mil injurias, y delictos. Como refiere Iouio en su Museo delos ilustres varones, q̃le sucedio a Iason, el qual en los primeros años de sus estudios se dio de tal suerte a la Venus, y juego q̃ vino a perder hasta el Codice, y andar ignominiosamente vestido, y descubierta la cabeça por tenerla llena de tiña. Por lo qual castiga tan asperamente el Derecho a los jugadores. No prohibo los juegos honestos, dõde se exercita el cuerpo, y recrea el animo, como dize el Philosopho, amonestãdo nos q̃ nos holguemos para boluer mas animosos al trabajo; sino los juegos nociuos inuentados solo para dissipar la haziẽda, como los naypes y dados, dõde no se deleyta el animo, sino se offende. Tãbien se ha de huyr de la gula, mala para el cuerpo, y peor para el alma: porq̃ el demasiado mãtenimiẽto ahoga el calor natural; corta el estãbre de la vida, y embota el ingenio: por lo qual dixo S. Hieronymo, q̃ el vientre gruesso no cria delgado entendimiẽto. El hablar ha de ser moderado, porque en la abundãcia de palabras nũca falto peccado, dize Salomõ: y el otro Sabio, que muchas vezes le auia pesado de hablar; pero nunca de auer callado. Libre el anima destos vicios, podras especular, en qualquiera sciẽcia hasta hallar su fin, q̃ es la verdad, valiendose para su defensa de la oracion. Y porq̃ no me tengan por hypocrita, y que en sciẽcia que parece profana entro predicãdo, prouare cõ leyes estar determinado por ellas lo mismo, que por los diez Mãdamiẽtos dl Decalogo sin salir de mi instituto.

¶ Gen. 25. l. 1. C. de sum. Trin.

¶ Exo 20. l. ius iurãd. C. de reb. cred.

¶ Exo. 20. l. actus l. festos. C. de ferijs

¶ Mat. 5. l. parentes. C. de in ius vo.

¶ Marc. 7. l. 1. C. ad leg. Cor de sicar.

¶ Exo. 20. l. 1. C. de raptu virg.

¶ Deut. 5. l. in ciuilem. C. de furtis.

¶ Eccl. 3. l. nullũ. C. de testibus.

¶ Exod. 20. l. qui ea mẽte. C. de fur.

¶ l. si quis non digña. C. de Episcopo.

¶ I. Amaras a Dios. ¶ II. No juraras. ¶ III. Oyras missa las fiestas. ¶ IIII. Hõraras tus Padres. ¶ V. No mataras. ¶ VI. No fornicaras. ¶ VII. No hurtaras. ¶ VIII. No leuantaras testimonio falso. ¶ IX. No codiciaras bienes agenos. ¶ X. No codiciaras muger agena.

II. DOCVMENTO.

EL segundo Documento es la electiõn de Maestros, en ella cõsiste quedar por ignorante, ò por maestro desta profession. Philippo Rey de Macedonia, quando le nacio Alexãdro escriuio esta carta a Aristoteles: Doy gracias a Dios, no tanto por el nacimiento de mi hijo, quanto porque ha nacido en tu vida: porque espero q̃ doctrinado por ti, sera digno de ser mi hijo, y successor en mi corona. Y el mismo Alexandro estimò en tanto a su Maestro, que quando publico los libros de Physica, que le auia leydo le escriuio esta carta. *Aulo. lib. 9. instit.* *Cap. 34.*

Muy mal lleuo, que lo que deprendi de ti, publiques agora: porque no me deleyto tanto con la potencia, y riquezas, con que me auentajò a otros, quanto con excederlos en las letras.

Tal Maestro, dize el Ecclesiastico, has de buscar, q̃ gustes de la verdad en la fuente, el mas docto, y que lea por los Doctores ordinarios, y estudie en los libros lo q̃ leyere: y no por cartapacios agenos. No attendas, dize Seneca, quiẽ es el que lee, sino que es lo que lee; que sea erudito, y eloquente; facil en percebir; claro en enseñar, y amigo de que sus discipulos se aprouechen. Cõ estas condiciones aconseja Martin de Fano, que se elija. Tres calidades dize Pedro Gregorio, que ha de tener el buẽ Maestro, *doctrinam, mores & diligentiam*. Doctrina sana elegante, no affeytada, ni barbara. En las costumbres no templado a lo antiguo, sino a lo moderno, que sean buenas y exemplares. Diligencia en el leer, que no lea, como dizen de cumplimiento, sino con aficion a las letras, y a los discipulos, que por esso se dizen Maestros desta palabra *Magister; quia magis quam cæteri diligentiam rebus, quibus præsunt, præstare debent*. No se ha de rendir el estudiante a la cortesia de los pretendientes; sino reglarse dellos: porque sus letras son mas vanas, que vtiles, y no procuran hazerle docto, sino su voto. No se ha de apasionar de ninguno: porque tiene dos daños la *Seneca lib. 4. de virtu.* *In epist. de modo stud.* *Petr. Greg. lib. 17 de Republ. nu. 9. & 10.*

passion; vno que ciega el entendimiento para votar libremente por la justicia: y el otro que todo el año se gasta en seguir vandos, visitar pretendientes, regular votos, reñir pendencias, y hazer apuestas con que se cōdenan a perpetuo silencio los libros.

III. DOCVMENTO.

l. ex diui. C. locuti

Volater. li. 23. am prop.

Crinito lib. 24. C. de honesta discip. l. 2. §. Seruius. & §. vlt. ff. de origi. iur.

l. Atilius. ff. de donat.

Dijs parentibus, & magistris æquiualens gratia reddi non potest.

Corras lib. 3. miscela. cap. 13.

In l. 1. §. quid autem. C. de vetere iur. enu.

EL tercero documēto es la veneracion, y respecto, que se deue a los Maestros: el qual se comprehende en el quarto Mandamiento, que toca al honor de los Padres; porque si ellos lo son del cuerpo, los Maestros del alma, Dios la forma, y los Maestros la informan, y hazen cada dia mejor, y mas perfecta con su doctrina. Por esto dixo el Philosopho, que al beneficio, que recebimos de Dios, de los Maestros, y Padres, no podemos dar equiualente: por lo qual Alexandro Seuero Emperador de Romanos, llamaua a Vlpiano su Preceptor otro Padre; y Marco Aurelio puso estatua en el Senado a su Maestro Frontino, segun Volaterrano; a exemplo de Aristoteles, de quien cuenta Crinito, que puso a Platon su Maestro ara en el templo, y leuantò estatua; y Pomponio celebra el agradecimiento, que Caselio mostro a Mucio su Maestro, a cuyos herederos dexo la hazienda, que no pudo al Maestro. Alaba tambien la piedad de los discipulos de Sabino, que siendo pobre lo sustentauan con sus haziendas. Ha se de honrar el Maestro con amor de hijo natural, como padre del entendimiento, siruiendole con obras y honrandole con palabras. Ha sele de preguntar con animo de saber, y no de calumniar, y arguyrle, por dudar, y no por concluyrle. Y si supiere el discipulo algun texto, que ignore su Maestro, no se desuanezca, ni lo estime en poco, porque es amplissimo el campo de la Iurisprudencia, y breuissima la vida de los hombres para coger la diuersidad de sus flores; es pequeño agujero el entendimiento del hombre para

encerrar

encerrar en el pielago immenſo de la ſciencia legal, y quando ſe dè vn impoſsible, de que vno lo aya viſto todo, tenerlo de memoria es mas de entendimiento diuino, dize Iuſtiniano, que de hombre humano. Y no ha de ſer el eſtudiante arrogante, y tanto que ſe atreua, como Gorgias Leontino a reſponder de todo, lo que le preguntaren, no le ſucceda lo que a Philippo Regienſe con Baldo, ſobre la deciſion de la ley. pater ſeuerinam. ff. de condit. & demonſtr. que refiere Paulo de Caſtro: ò lo que le ſuccedio a Angelo Policiano docto en la lengua Griega, y Latina, al qual jactandoſe enſeña que gloſſaria el Derecho mejor que Accurſio, dize Corraſio, que Mariano Socino le preguntò, *quis nam ſuus hæres in iure Ciuili dicatur?* y con infelicidad enmudecio, que por eſto dezia San Auguſtin, que eſta preſto para ſer enſeñado de vn niño, aunq̃ fueſſe de vn año, no ſe han de contradezir las reſpueſtas del Maeſtro, q̃ ſi ſe haze muchas vezes ſera deſcorteſia, dize S. Auguſtin, antes eſtà obligado en ley de diſcipulo a defender ſus opiniones. Exemplo del Iuriſcõſulto Caſsio, q̃ nos dio eſta doctrina, pero ſe entiende en quãto fuerẽ defenſables; porque ſi fueſſen notoriamente erroneas, no corre eſta obligacion: porque ſi bien ſea amigo Platon, es mas amiga la verdad, dixo Ariſtoteles.

In c. ſi habes. 2. q. 3.

In lib. 2. de ciuit. Dei cap. 2.

L. cum apud Labeonem. ff. de fideicom. liberta.

Ariſt. lib. 1. Ethi.

IIII. DOCVMENTO.

EL quarto documento es, oyr con buena voluntad a ſu Maeſtro. Si amares el oyr dize el Eccleſiaſtico, ſeras ſabio, y menor el trabajo del eſtudio. Mas prouechoſo es, dize Valerio, oyr al que enſeña, que deprender por los libros: porque es mas vehemente la impreſsion, q̃ ſi ſe haze en el alma con la viſta y voz viua del Maeſtro, q̃ cõ el eſtudio de los libros. Y aſsi fue parecer de Platõ, q̃ las ſciẽcias ſe aprẽdian mejor en la viua voz de la liciõ, y Pythagoras no queria eſcriuir lo q̃ leya, porque ſe perciben mejor, y ſe refieren mas en la memoria.

Valer. lib. 8.

Por esto se desterraron de sus patrias para oyr en la Cathedra lo que por escripto auian leydo Pythagoras, Platon, Anaxagoras, Alfeno, Vlpiano, Paulo y Papiniano. Y a nadie son ocultos los peligros a que se puso Euclides por oyr a Socrates en Athenas, passando cada noche en habito feminil en menosprecio de la muerte con que le amenazaua su patria. No se ha de oyr de cumplimiento, solamẽte por cursar, y contar las tejas, y hazer edificios en el mar, como dize vna glossa. El buẽ oyente, dize Platon, ha de poner el animo y las orejas en la voz del Maestro; porque con esto se hara docto, dize Tulio, si parla haze tres daños a si, porque pierde lo que se lee, al compañero, a quien inquieta, y al Maestro, a quien assi mismo no guarda el respecto del silencio. Esto fue tan molesto a S. Augustin, que no pudiendo suffrir a los estudiantes de Cartago, se fue huyendo a Roma; porque supo que eran sus estudiantes mas modestos. Oye con silencio, dize el Ecclesiastico; y por esse respecto te dara Dios su gracia, que es prenda para conseguir muchas sciencias.

Plato. Socrates in Phedo.
Glos in l. 1. C. de statu lib. vr. Rom.
Plato in Tymeo.
Tulio li. 3. Rheto.
Lib. 5. conf. ca. 8.
Cap. 32.

V. DOCVMENTO.

EL V. Documẽto es pregũtar al Maestro si se offreciere alguna duda despues de auer oydo la licion, ò algun argumento cõtra lo que dixo; que para esto tiene obligaciõ de estar vn quarto de hora al poste, y no aprouechara auer engullido la licion, sino se digere. Con el buen exemplo nos dio Iesus sabiduria eterna, quando en medio de los Doctores, dize el Sagrado texto, que con prudencia preguntaua; porque es de prudentes el preguntar, y los que son tan necios, que por no parecerlo no preguntan, estan condenados a perpetua ignorancia. El Emperador Iustiniano aconseja, que el discipulo pregunte, no solo a su Maestro, pero a sus condiscipulos, y argumente con ellos: porque es la disputa de mucho prouecho. Dize el Consulto arguyendo, se

Horacio.
Nec nescire prudens praua quoniã discere mauis.
In auth. vt hi. iurio in princ.
In l. fin. §. mixta. ff. de mu. & hono. in lib. 10. c. 2.

exer-

exercita, alimenta y haze mas firme la memoria, la lengua mas expedita, y el ingenio mas agudo. Quintiliano, y el fin de los argumentos dize Tulio es que diziendo y oyendo, ſe diga coſa ò que ſea verdad, ò ſe llegue mucho à ella.

In li. 4. de Acad. quæſtio.

VI. DOCVMENTO.

EL ſexto documento es, darſe todo al eſtudio: y entonces dize Seneca ſe da vno todo al eſtudio, quando menos preciando todas las coſas que ſon fuera del ſe ocupa ſolo en eſtudiar; porque el eſtudio es vn recogimiento del penſamiento, para deſplegar lo que eſta implicito al entendimiento, o eſcudriñar lo que parece ſecreto. Pero ſi el penſamiento anda vagando por varias coſas, ſiempre ſera ignorante, y no percibira lo que leyere. Por eſto aſsiſtia vn miniſtro en los ſacrificios de los Gentiles diziendo al ſacerdote muchas vezes; Atiende à lo que hazes. No ſe ha de contentar el eſtudiante con oyr ſeys lectiones, y faltar à tres: continuo ha de ſer de todas, y ſino oyga Paulo de Caſtro exclamar contra el. No ha de eſcriuir mas que las lectiones, que eſtudiare, porque para eſto ſe eſcriuen, y fuera dello no ay papeles mas inutiles. Y deſpues de auerlas eſtudiado rumiarlas entre ſi miſmo, conſejo es de Iob, quando dize: lo que oyeres repaſſalo por el entendimiento. Y eſto dize Tulio que hazian Platon y Pythagoras: porque ſaber no es otra coſa dize el miſmo Tulio, que tenerlo de memoria, preſto la cobra, dize Platon, de donde nacio el adagio.

In l. frater à fratre ff. de cond. inde. Plinio lib. 7. cap. 27.

Cap. 5.

Tulio de Senectute.

Et lib. 1. Tuſcula.

Plato in Thimeo.

Memoria excolendo augetur.

Y vna gloſilla ay colerica contra los eſtudiantes negligentes en tomar de memoria, porque no ſolo ella ſe auiua con el trabajo, pero el entendimiento. El trabajo, dize Eſaias, concibe, y pare entendimiento. Y ſe vè por experiencia, que ſi leo vna ley la primera vez, y me parece mas Griega, que Latina, leo la ſegũda vez, percibo

In authentico. de quæſtio. §. hæc omnia.

Lib. 3. Rhetor.

L. legatis §. ornatricib⁹ ff. de leg. 3. L. multis C. de re remil. lib. 12.

algo della: leola tercera vez, y me parece clara, son effectos del trabajo, que todo lo vence. En qualquiera disciplina, dize Ciceron, es flaca la doctrina sin el continuo exercicio della. Y por esto dixo el Consulto, q̃ con el exercicio cotidiano, qualquiera sciencia recibia augmẽto, y mejor Aulo Gelio, quãdo dixo, que la sabiduria era hija del vso, y de la memoria, a quien faltaren estas dos calidades, entienda, que por buen ingenio q̃ tenga, cada año sera mas nescio. Y assi concluyo, con referir vnos versos vulgares de Angelo a este proposito.

Gelio lib. 4. Noct. Attica. cap. 8.

Angelo in § C. inst. num 6.

Siquis forte velit Iuris consultus haberi
Continuet studium, velit à quocumque doceri:
Inuigilet semper, nec vincat eum tortura laboris:
Fortior insurgat, cunctis recentior horis.

VII. DOCVMENTO.

In d. §. ornatricibus.

EL Septimo documento es del Consulto Marciano, leer continuamente: no se aparte de tu boca, el volumen de la ley dize Iosue, porque con la continua licion se halla la preciosa Margarita de la sabiduria, dize el Pontifice: y de aqui nacio el adagio.

Iosue cap. 1.

Cap. post traslationem §. item quis de renuntiatione.

Nocte dieque leges
Si vis addiscere leges

Damas. ad Thero. Tulio lib. 3. de fin. bono. Aris. 1. Rheto. Cicer. 2. de orat. L. 2. §. seruus ff. de orig. iur. L. 2. ff. de legibus. L. in tatũ § fin. ff. de rerũ diuisione. L. 1. ff. de cõtrahẽda emptione. L. 1. ff. de nundi.

Porq̃ la licion ordinariamente, dize Damasceno, es como el mãtenimiento de cada dia, q̃ como este alimẽta el cuerpo, aquella el entẽdimiẽto. De Catõ Vticẽse refiere Tulio, q̃ fue cõtinuo en la licion, que aun estando en el Senado leya sin temer la facil reprehẽsion del vulgo: no soy de parecer, q̃ perpetuamẽte este vno sobre los derechos: porq̃ el entendimiẽto no es pechero, sino noble, y no se ha de ocupar mas de lo q̃ el quisiere. Quãdo cansare la Iurisprudẽcia se ha de hazer treguas con ella por poco tiẽpo, gastãdo este en leer historia diuina, y humana; porq̃ es vtilissima a los, q̃ hã de gouernar, dize el Philosopho; porq̃ sus exẽplos aduierten del bueno, ò malo gouierno, dize Tulio. Es ansi mismo necessaria para la ra la interpretaciõ de las leyes; pues Vlpiano en las suyas se aprouecha de Cicerõ, y Demostenes oradores, de Virgilio, Homero Poetas, de Platõ, y Aristoteles Philosophos, y de Hippocrates medico. Y si dexando la historia quisiere poetas Latinos lustrara mucho la grauedad del verso de Virgilio, la facilidad de Ouidio, el donayre de Marcial, y los conceptos de Seneca y Lucano. Y si de Italianos el Aristo, y el Tasso: si de Españoles Garcilasso Don Alonso Erzila, Siluestre, Don Diego de Mendoça, y Francisco de Aldana. De otros libros de entretenimiento encomiendo solos quatro q̃ por vulgares, no hã de ser tenidos en poco, Celestina, Lazarillo de Tormes, primera parte de Diana y floresta Española, q̃ son argumento del ingenio agudeza graue, y donayre de la lengua y naciõ Española: no se tenga por encarecimiẽto, sino al leerlos hagan alto en sus dichos y sentencias.

L. septima ff. de statu hom.
L. intestato § fin. de suis & leg.

VIII. DOCVMENTO.

EL VIII. documẽto es de Seneca, escriuir lo mas notable de lo leydo, que fuere digno de memoria. Lo mismo escriue Plinio el moço, que nazia su tio. Es la memoria del hombre debil, y flaca, y ninguna sciencia ha menester mas firmeza de memoria, que la Iurisprudencia. Y assi lo que faltare de fuerça a la memoria ha de suplir la pluma, en encontrando ley glossa, ò doctrina memorable escriuirla luego en vn albeolo debaxo de conuenientes titulos, o letras, tendra vn libro blanco diuidido en quatro partes, y en cada vna por letras el A. B. C. Y en vna parte se escriuiran las conclusiones que tocaren a contratos, en la segunda a vltimas voluntades: en la tercera juyzios, y en la vltima delictos, y penas: porque sucedera topar vn texto, o doctrina y por no escriuirla buscarla despues: y no se hallar en vn año.

IX. DOCVMENTO.

EL IX. documẽto es, la electiõ de hora. Acursio dixo que por la mañana: porque segun Sant Hieronymo

con el

cõ el descãso de la noche se cobra la fuerça del cuerpo, y el anima esta mas bien dispuesta. Aunque parece, que esto se opone à otro lugar de Sant Geronymo, donde dize, que si bien sea bueno el estudio del dia, es mas efficaz el de la noche. Y de aqui tuuo costumbre el estudio ordinario de los estudiantes ser à prima noche, las tres horas de la vela, el qual se ha de seguir: pero para la especulacion es mas proprio el de la mañana: porque segun Marsilio Fiscino, vna ò dos horas ante de nacer el Sol, a quien los Astrologos dan borla de maestro de las sciencias, es aptissimo tiempo para especular cosas subtiles, y delgadas. De donde salio el adagio:

In lege medius ff. de op. liber.

Aurora gratissima musis.

Por lo qual dixo Virgilio, que la mejor parte del dia era la de la mañana.

Nunc adeô melior quoniam pars acta diei.

In l. cum patr. ff. eodem tit.

Y el Iuris consulto Paulo, que la mayor parte del dia eran las siete horas de la mañana: las quales dize Marcial gastauan los Romanos en los negocios graues, y las demas del dia, en cosas de gusto, y regalo, conforme aquellos versos.

Prima salutantes, atque altera continet hora:
Exercet raucos tertia causidicos,
In quinta varios exercet Roma labores
Sexta quies lassis, septima finis erit.

Pero no se ha de estudiar despues de comer, dizen los Consultos: porque entonces el estudio daña a la digestion, extingue el ingenio, y offende a la salud. Y assi resueluo, que el estudio continuo ha de ser en las horas, que no prejudiquen a la salud corporal: pues segun el verso de Horacio.

Est modus in rebus, sunt certi denique fines,
Quos vltra citraque nequit consistere rectum.

X. DOCVMENTO.

L. patronus l. suo victu. ff. de operis libert.

EL X. documento es el cuydado del ornato corporal, como lo aconseja el Iurisconsulto, que ha de ser bueno

bueno y honeſto: porque como dixo Antonio de Nebrixa en aquellos verſos.

Vir bene veſtitus pro veſtibus eſſe peritus
Creditur â mille, quamvis idiota ſit ille,
Si careas veſte, nec ſis veſtitus honeſte,
Nullius es laudis quanuis ſcis omne quod audis.

Porque el ornato da authoridad a la perſona, y a lo que ſe dize: pero ha de ſer honeſto conforme a la calidad del que lo trae: no ſe ha de ſeguir la locania de algunos, que ponen todo ſu cuydado en el coſtoſo ornato porque tiene dos daños, vno de la hazienda, y otro, y es el mayor, el de el alma: porque ſe vſana y enſoberuece. No te glories (dize Ieſus a ſu hijo Sirac) en el valor del veſtido; y Eſther Reyna dezia a Dios, Bien ſabeys ſeñor lo que abomino eſtos veſtidos precioſos, ſeñales de vana gloria, y ſoberuia. Y aſsi ſant Pablo nos aconſeja, que nos cõtẽtemos cõ tener que comer, y con que cubrirnos. El mas noble eſtudiante ſe puede honrar con vn veſtido de paño negro fino, que es el mejor habito por ſu antiguedad, por ſu materia, y por ſu color. Por ſu antiguedad fue primero veſtido de nueſtros primeros padres, por ſu materia porque la lana fue precioſo caudal de todos los ſiglos, y ſus excelencias, refiere largamente Caſſaneo. Por ſu color porque entre los colores los mas nobles ſon negro, y blanco, por ſer naturales: y el negro mas noble que el blanco, porque no ſe puede confundir en otro color, que ſobre negro no hay tintura, y el tranſmuta enſi a todos los demas colores: y aſsi como color tan noble ſe vſa mas entre los nobles. Y aſsi por eſtatuto de las Vniuerſidades eſta prohibido veſtirſe los eſtudiantes, ſino de paño negro. Y tengo por puericia y vanidad reprehenſible violar la modeſtia y grauedad del habito con medias de colores indecentes.

Virg. li. 9. Eneid.
Paulo in l. 2. ff. de verborum ſignificatione. & ibi Alciatus.
Eccleſiaſt. ca. 11.
Eſther cap. 14.
1. Ad Tim. 6.
Gen. cap. 3.
In Cata. glo. mũdi part. 12. conſ. 96.
L. ſicut lana §. proinde ff. de leg. 3

(?)

Del origen del Derecho Ciuil. Cap. IX.

Esa. c. 33.
Gocob. c. 4.

EL primer legislador fue Dios. Testigos son del viejo Testamento Esaias, y del nueuo Santiago, y de la gentilidad sin lumbre de fe con sola la vislumbre de la razon natural Demostenes, que dixo, que la ley era vn don de Dios inuentada por el: y Tulio que era vna razon sacada de la mente diuina. Y todos los legisladores persuadian a los hombres, que la ley que les dauan la recibian de algun Dios, para que con mas prompto animo la recibiessen estos. Porque la primera, que dio leyes a los mortales fue segun Diodoro la diosa Ceres: por esto atribuyo Minos las suyas a Iupiter, Licurgo a Apolo, Solon a Mineruа, Zemolaxis a Vesta, Numa a la Ninfa Egeria, y el execrable Mahoma por consejo de Sergio frayle dio a entender, que recibia la suya del Spiritu sancto, por medio de vna paloma. De las que yo trato son las de los Romanos. Y para que no se ignore su origen y antiguedad y suceda lo que dize Ioan Corrasio, que sucede a los sectores de Accursio, que por ignorar la historia ignoran tambien el derecho, referire la del Derecho Ciuil. La qual escriuio primero el Iurisconsulto Pomponio, y despues del Aymario Bibelo Valentino, Frosterio, y Ioan Corrasio: de los quales tomare para este discurso lo que fuere mas a proposito. El primer gouierno que tuuo Roma en su infancia, fue la mano Real: porque todo estaua subjecto al arbitrio y voluntad de los Reyes, sin auer leyes escriptas. Despues, dize Alicarnaseo, se gouerno por costumbres, hasta que Romulo muerto su her-

L. 1. ff. de legibus. Cice. lib. 2. de leg. & Philippica 2.

Diodoro lib. 6.

Corra. de iure ciu. in artem. dig. c. 5

In l. 2. ff. de orig. iur.

Omnes in Historia iuris ciuilis in tract. nouis 10. 1.

mano

mano Romo, fue Rey de Romanos, y recibio en Rama la vezindad de los Sabinos. Entonces vuo vn motin de mancebos Romanos, y Romulo para apaziguarlos, eligio de los mas nobles dellos cien Senadores. Diuidio el pueblo en tres partes, y las llamo tribus, y a tres gouernadores tribunos, y a cada tribu en dos partes, y llamolas curias: y a las curias subdiuidio en decurias, llamando a la cabeça de cada vna dellas, *præfectus decuriæ*, y a sus leyes, *curiatæ leges*, por auerlas hecho congregando el pueblo por decurias. Despues de auer gouernado quarenta y siete años Romulo murio, y el pueblo juntō cō los Senadores dize Halicarnaseo, que eligieron por Rey a Numa Pompilio de naciō Sabino, de edad de quarenta años, y murio a los quarenta y tres años de su Rey no auiendo dado muchas leyes a los Romanos, y ordenado el culto diuino. Sucediole Tullo Hostilio; y a este Atico Marcio, y a Marcio Tarquino Prisco, y a este Seruio Tullo, y a Tullo Tarquino el Soberuio: porq̃ soberuio turbo las cosas de Roma. Por lo qual y la violencia de su hijo cō Lucrecia fue expelido de Roma, y cō el el gouierno delos Reyes, despues de 244. años, q̃ auian gouernado, eligierō en su lugar dos Cōsules cō insignias y potestad Real, annales, porq̃ no tiranizassen el gouierno, y les quedasse a los demas esperança de gouernar, aunque por tan breue tiempo. Los primeros Consules fuerō Iunio Bruto, y Tarquino Colatino, hasta que el pueblo cansado deste gouierno eligio vno, q̃ gouernasse solo llamado Dictador. El primero fue Largio. Pero el pueblo que nunca tiene quietud, menos la tuuo cō el Dictador: antes se amotino, y tomo las armas, y para tratar de pazes, crio tres Tribunos por sus juezes, que capitulassen con los Senadores, que fuessen elegidos de entrambas partes Legisladores. que los diessen leyes Conuinieron en el hazerlas: pero no en los Legisladores, y en discordia remitiose el pleyto, y embiaron por leyes estrañas, eligiendo tres legados, que fuessen a Athenas por ellas. Posthumio

Halicar. lib. 1. *antiqui. Rom.*

Albo,

Albo, Manlio, y Sulpicio Camarino, a los 304. años de la fundacion de Roma, y 4748. de la creacion del mundo, y 451. antes de la venida de Christo. Los quales las traxeron despues de tres años. Y para promulgallas criaron diez Varones Patricios, Apio Claudio, Genucio, Sextio Veturio, Iulio, Manlio Sulpicio, Curiato Romulio, y Posthumio; Las quales mandaron poner publicamente en diez tablas de metal, para que fuessen a todos manifiestas. Estos fueron los primeros principios, y fuentes originales del Derecho Ciuil que tenemos. Y pareciendo el año siguiente que no estaua bien proueydo por ellas, criaron otros diez Varones todos nueuamẽte elegidos, excepto Apio Claudio, por cuyo parecer se hizieron otras dos tablas; y por ello se llamaron las leyes de las doze tablas. Las quales pareciendo obscuras, y dandoles los Sabios varias interpretaciones, y reduziendolas a escriptura compusierõ vn cuerpo que llamaron con nombre generico, Derecho Ciuil. Entonces se compusieron las actiones, y se ordenaron sus formas, guardando tan preciso rigor en la proposicion dellas, que el q̃ erraua en vna syllaba perdia la instancia. Desta suerte se gouerno Roma casi cien años, hasta que Flauio secretario de Apio Claudio Pontifice, compilo varias respuestas de Iurisconsultos, como fueron Papyrio, que dio nombre al *Ius ciuile papyrianum*, Apio Claudio, Hermodoro, Apio Claudio ciego, y otros, cuya memoria es de poco prouecho. La forma, que los Romanos tenian en hazer leyes, era esta. Iunto todo el pueblo por Centurias, el Consul, como legislador auiendo primero consultado el Senado, y prouado su intento, referia al pueblo lo que auia de establecer, cõ estas vltimas palabras. *Velitis, iubeatis Quirites, vt hoc aut illud fiat.* Luego se promulgaua la ley dandola escripta al pueblo, para que en las tres nundinas, ò ferias siguientes viessen bien la ley, y deliberassen si era vtil ò perniciosa, para que despues juntas las Centurias, la aprouassen ò reprouassen. Por este tiempo voluio el pueblo a encontrarse con los

Patricios:

Patricios:porque Virginio fue injuriado por Apio Claudio afficionado de vna hija ſuya, a quien Apio demando por ſu eſclaua,ſiendo ella ingenua. Eſta diſcordia ſe concordo con que el pueblo hizieſſe las leyes de ſu gouierno:las quales ſe llamaron plebiſcitos,como leyes hechas por el pueblo.Iuntauaſe la plebe, y ſu magiſtrado, que era el Tribuno les preguntaua auiendo propueſto el negocio,*De hoc quid fieri velitis, vos, Quirites, rogo.* Y luego el pueblo daua ſu parecer diziendo, *Sic volumus iubemuſq;*.Pero creciendo el pueblo Romano fue difficultoſo el vnirſe para hazer leyes. Y eſta neceſsidad dize Pomponio obligo al pueblo a entregar al Senado las riendas de ſu gouierno,para que en ſu nombre hizieſſe leyes:las quales ſe llamaron,*Senatus conſultum.* Como ley que hazia el Senado: conſulto del conſul que entonces gouernaua. Y aſsi de Trebelio Conſul ſe dixo *Senatus conſultum Trebelianum*, de Pegaſio, *Pegaſianum* de Veleyo,*Veleianum*, y de Orficio,*Orficianum.* Y aſsi miſmo las leyes,que a peticion del pueblo eſtablecia el Conſul, tomauan ſu nombre, como de Iulio la ley Iulia, de Cornelio la ley Cornelia, de Caſsio, Caſsia de Pompeyo, Pompeya, de Aquilio Aquilia, y de Falcidio Falcidia. Y porque los Conſules con las continuas guerras faltauan ordinariamente de Roma, ſe criaron en Roma dos corregidores llamados: Pretores, vno que gouernaua los ciudadanos, y otro los foraſteros, con facultad de derogar el derecho antiguo, y eſtablecer de nueuo y ſe llamauan ſus leyes *Edicta prætorum*. Eſtos edictos de los pretores eran annales como los officios, en cuyos principios entraran, declarando, ſupliendo y enmendando el Derecho Ciuil, cuyos eſcolios, y gloſſas llamauan: *Ius honorarium*. Los quales ponian *in albo prætoris*, que era vna tabla blanca, en que ſe eſcriuian, y ponian publicamente a todos. Y porque todas eſtas leyes tenian alguna ambiguidad, y duda, ſe introduxo la interpretacion de los Sabios, que llaman, *Reſponſa pruden-*

Pompo. in l. 2. §. deinde quia difficile ff. de origine iuris.

D

L. siquis id quod ff. de iurisdictione Val. lib. 4. ca. 48.

prudentum. Los quales cada dia salian en publico, para que todos con mas facilidad las pudiessen consultar: por lo qual los llamaron Iurisconsultos, segun Laurencio Valla. Antes d' Augusto a todos era licito interpretar las leyes a los pleyteantes affirmando al juez, ser aquel el verdadero entendimiento dellas: pero Augusto Cesar mando, que para que estas respuestas tuuiessen mas autoridad, no las diesse quien no tuuiesse su aprobacion, y licencia. Pero aduiertase, que no tenia cada Iurisconsulto tanta autoridad, que no fuesse licito apartarse de su respuesta: pero lo que todos juntos los que tenian licencia del Emperador para interpretar el Derecho, aprobauan esso se llamaua, *Prudentum responsa.* Y no era licito apartarse dello segun Mateazo: y de las respuestas, que estos Licenciados dieron, mando despues Iustiniano Compilar los cincuenta libros de los ffff. sacando lo mas puro, y selecto dellos: por lo qual los baptizaron con nombre de Digestos, como libros en que estaua lo substancial, y digerido. Y es friuola la risa, que haze Mateazo de los que interpretan las leyes, que dan titulo de ley a las respuestas de los Consultos, a quien siguio Rebardo, y entrambos reprueua Federico Nausea. Y bastaua solo auerlas sacado Iustiniano debaxo de su nombre, para recebir fuerça de ley con su aprobacion. No todos estos interpretes Cõsultos professauã vn mismo instituto, sino diuersos. Porq̃ vnos erã practicos, que escriuian epistolas, y questiones, como Papiniano, q̃ escriuio 7. libros de respuestas, Neracio 3. Sabino 2. Pomponio 20. libros de epistolas. Otros se aplicaron a reduzir el Derecho à arte, y recogello en vn cuerpo, como Iuliano, que saco a luz los 90. libros de las pandectas, y Alfeno 40. Otros se ocuparon en glossar las leyes de las doze tablas, y edictos de los pretores escriuiendo apostilas en ellos, como Vlpiano, Paulo Modestino, Cayo Marcelo, Florentino, y Marciano. Y otros entendian en dar formulas a las leyes, como Gallo Aquilio.

Mateazo lib. 2. c. 26. num 2.
Vala. lib. 4. elegan. cap. 48.
Nausea in paraosiltos ad institu. fol. 8.
L. 1. C. de vetere iure enucle.

Vltimamẽte Roma voluio a obedecer a vn Principe, no con titulo de Rey, porque aun no estauan eladas las cenizas de su odio, sino de Emperador. Y fue el primero Cayo Iulio Cesar, q̃ por muchas victorias fue llamado padre de la patria: laqual le crio Dictador perpetuo, y despues le llamo Emperador. Hizo muchas leyes como la ley Iulia, *de annonis, repetundarum,* De adulterijs, de crimine lasæ maiestatis, y de vi. Porque el pueblo traslado en el la potestad de legislar a su voluntad, por escripto, o de palabra, y a estas leyes llamaron Principum placita. Y assi el Derecho Ciuil, que vsamos, se compuso de las leyes de las doze tablas, Plebiscitos, Senatusconsultos, Edictos de Pretores, respuestas de Sabios, y constituciones de Principes. Cuyos volumines eran tan copiosos, que casi era impossible leerlos porq̃ eran 2000. libros. Y Iustiniano para reduzirlos a mas breue compendio los cometio a Triboniano su Thesorero Griego de nacion, y el mas eminente de aquel tiempo en todo genero de letras, juntamente con Dorotheo, y Theophilo en el año 2. de su Imperio, y 528. de Christo: mandandoles que de los tres Codices Gregoriano, Theodosiano, y Hermogeniano recogiessen lo mas substancial. En vno gastaron vn año en este trabajo, y en el tercero de su Imperio y 529. de Christo se publico vn Codice, del qual oy no ay memoria. El año siguiente, que fue el quarto de su imperio, y 350. de Christo se hizo la reformacion del Derecho Ciuil, abreuiando su immensidad en los 50. libros de los ff. en lo qual gastaron quatro años, esse promulgaron el septimo de su imperio y 533. de Christo. Y porque los estudiantes no desmayassen con la multitud de tantas leyes, y desamparassen el estudio dellas, mando Iustiniano cifrarlas en quatro libros muy breues, que fue la instituta, publicada por el mes de Nouiembre del dicho año de 533. de Christo. Y vltimamente se compuso el nueuo Codice annulando el primero, el año siguiente 8. de su Imperio y 534. de Christo. Y despues de publicado se le añadieron 50. leyes: porque las Autenticas que estan en el no son de Iustiniano, sino de Irnerio glossador del Derecho, que sacandolas de los Autenticos las insirio en aquellos titulos, y leyes con que conuenian. Los autenticos no los promulgo Iustiniano: porque primero se escriuieron en lengua Griega, y despues los traduxo en la Latina Iuliano Patricio, llamando a estas constituciones Autenticos por la legalidad, y verdad, con que los traduxo, segun Alciato. Antonio Concio dize, que se llamaron Nouelas de Iustiniano; porq̃ no se juzgasse por otras leyes, que porq̃ nueuos casos hiziesse se intitulassen Nouelas. Y apenas se promulgo el Codice, quando Iustiniano interpelado hizo la constitucion de hæredibus & Falcidia. Lo q̃ tengo por mas cierto es lo que Ioachin Estephano dize, q̃ despues de la recopilaciõ del Codigo se offrecieron varios casos, en el consistorio de Iustiniano, deduzidos, o por apellacion, o por querellas de los Obispos, a quiẽ los barbaros tenian oprimidos, de los quales no auia decisiõ cierta; y Iustiniano mando al Maestro de las Epistolas, que todos estos casos determinados por sentencia desde el año 11. hasta el 40. de su Imperio se escriuiesse: porq̃ queria q̃ sus determinaciones fuessen leyes para todos. Y asi como se determinauan en varios tiempos salian variadas como se colige de sus inscripciones, y inductiones. Su primera edicion fue en lengua Griega, y su primera version, que fue antes de Accursio de lengua Griega en la Latina, fue segun vnos de Vulgaro, otro de Pileo, y otros de Prolita, excelente varon en entrambas lenguas. Y los primeros interpretes dellas fueron Iuliano Patricio y Gregorio Holoander. Fue la traduction tan fiel, y bien recebida en las escuelas, que por esto se llamaron Autenticas, auiendose dicho primero nouelas, por auer sido las primeras leyes despues del Codigo, a las quales Hẽrico Egelao suplio treze. Los feudos son las inuestiduras, que los Principes hazen a las Iglesias, o per-

Lib. 11. parergon cap. 16.

Anton. in proœ. ad noue.

L. 1. cap. de emendatione cod.

Estephano in prohemiorum.

Expositio noue. constitu.

ò perſonas particulares de algunas poſſeſsiones, para ſi, y para ſus hijos, quedando el ſeñorio directo en el concediente, ſegun Hoſtienſe y Azon, Iaſon dize que eſte libro no eſta aprouado, porque es compueſto de algunas coſtumbres, que Vberto Orto reduxo a eſcriptura. Pero la verdad es, que eſta aprouado, y ſe puede alegar por ley, como por muchos fundamentos prueua Felino, y Burgos de Paz. Hugolino fue el primero, que junto a la nouena colacion de los Authenticos los libros feudales y conſtituciones de entrambos Federicos, y de Conrado Emperadores, y ordeno la decima colacion. En vltimo lugar eſtan las extrauagantes gloſſadas por Bartolo, que ſon vnas conſtituciones ſueltas, que ſe añadieron al Derecho. Deſpues el Imperio Romano començo a declinar y con las ſangrientas guerras de los Vandalos, y Godos no ſolo ſe perdio el Imperio, pero ſus leyes, procurando los Godos eſtablecer otras, que llamaron Longobardas. Pero deſpues que Italia fue reſtituyda a ſu primero eſplendor, ſe hallo en Rauena el Inforciato, que trata de las vltimas voluntades; y los Piſanos, que hallaron las pandectas en Apulia las lleuaron primero a Piſa, y deſpues a Florencia, donde fueron ſacadas a luz. Y auiendo cerca de 500. años q̃ Italia no tenia noticia de eſtos Derechos, el primero que los hizo leer publicamente fue Lotario II. Emperador en el Occidente mandando, que por ellas ſe juzgaſſe; Deshecho el imperio y leyes de los Longobardos que auian floreſcido 203. años.

(.¿.)

Hoſt. in ſumma eiuſdem tit.
Iaſon in l. 2. num. 11. ff. de vulga.
Felino in cap. 2. nen 44. De reſcriptis.
Paz. in l. 1. Taur. num. 277.

De los Glossadores, y ordinarios escriptores del Derecho Ciuil,
Cap. IX.

Irnerio.

DIXE, como Italia fue opressa de los Vandalos, y Godos y turbada la professio̅n de las letras; durole esta calamidad por 500. años, hasta que Irnerio de nacion Aleman, y gran priuado de Mitilda Reyna saco a luz el Derecho Ciuil, que hasta entonces auia estado oculto, y leyolo publicamente en Bolonia. Este fue el que le hizo la primera glossa: y por ello fue llamado primera lumbre de la Iurisprudencia el año de 1150. Fue tambien autor de las Autenticas, desmembrando las de los Autenticos, y insiriendolas entre las leyes del Codice, como lo confiessa Accursio en la glossa de muchas Autenticas. Murio el año de 1590. en Bolonia. De su escuela salieron eminentes Varones, como Placentino, que fue el primero, que enseño en Francia la Iurisprudencia, y glosso el Codice è Instituta, y Rofredo, que tambien fue glossador, y Accursio lo cita ordinariamente, Hugolino, Vulgaro Martino, y Ioan Volsiano, que todos dieron las primeras glossas al Derecho, y florecieron el año de 1190.

Placentino. Rofredo. Hugolino. Vulgaro. Martino. Volsiano. Azon.

Bal. in l. 1. ff. de edendo.

Azon natural de Bolonia escriuio sobre el Codice, y Digesto Viejo. A este llamo Baldo fuente de leyes, y vaso de election. Siendo ya viejo fue electo Canonigo, y interpreto el Derecho Canonico. Murio en Bolonia el año de mil y duzientos. Accursio, cuya es la glossa ordinaria del Derecho Ciuil fue natural de Florencia, discipulo de Ioan Blosiano, y de Azon. Escriuio sobre todo el Derecho, en cuyo commento gasto siete años, aprouechandose de las glossas de Tenorio Vulgaro Placentino, Ioan, y Azon, y dexando

Accur.

Iason in l. vt vim col. pen. ff. de iust. In l. facta. §. si tamen danda ff. ad Trebelian.

zando las obscurecidas, con la suya: porque su autoridad es tan grande, que vence todas las demas, dize Iason. Y auiendo en su tiempo dos sectas de Maestros, vna que seguia a Vulgaro, y otra a Martino, se escurecieron ambas con la luz, y doctrina de Accursio. Por esto se jacta, que se llama Accursio, porque occurrio a las tinieblas del Derecho Ciuil. De cuya autoridad se han de ver las elegantes palabras de Rolando de Valle, porque vence la del mas graue Autor. En tanto que dize Iacobo Butrigario, que auiendo vn graue Doctor con la Glossa de Accursio, no se ha de apartar della el juez, aunque sea contra comun opinion. Y auiendo en vna Glossa dos opiniones encontradas siempre se ha de estar a la posterior. Y si auiendo referido vna opinion arguye despues cōtra ella, todauia es visto seguirla, como lo defiende con muchas autoridades Constantino Rogerio. Murio de setenta y ocho años, en el de Christo de mil y dozientos y veynte y nueue, y fue sepultado en San Francisco de Bolonia. Estos fueron los glossadores del Derecho Ciuil. Los Doctores que despues leyendo escriuieron sobre el, son muchos: pondre los mas ordinarios, que por serlo tanto en las Escuelas se llaman por antonomasia los ordinarios. El mas antiguo es Hodofredo. Leyò en Bolonia, y escriuio sobre el Codice, y Digestos con tanta energia, y impresion, que el que lee sus obras parece que oye de su boca su doctrina. Murio año de mil y dozientos y sesenta y cinco, del y de Oldraldo su contemporaneo ay estos versos.

Ias. in l. vt vim col. penu. ff. de ius. In l. facta. §. si mandanda. ff ad Treb.

In consil. 18. *nu.* 29. *vol.* 4.

Rogerio de iuris interpretatione, §. 3. *â num.* 15.

Hodofredo.

Consilio Oldraldus pollet, clarissima legum

 Com-

Commentis præstas sensa Odofrede tuis.

Iacobo de Belo Viso natural de Bolonia leyò siete vezes en Bolonia los feudos, y escriuio sobre ellos: y las Nouelas de Iustiniano: murio año de mil y trezientos.

Gramma. vot. 30. num. 16.

Capicio decisione 130. num. 43.

Andres de Isernia Abogado Neapolitano, y llamado por ellos el Euangelista, como refiere Grama, por la summa verdad, con que escriuio sobre los feudos. Matole Galo por auer abogado contra el en vn pleyto, cuyo atroz hecho refiere Capicio. Cyno escriuio sobre la primera, y segunda parte del Digesto veteris, y sobre el Codice. Fue gran Poeta, y florescio año de mil y trezientos y treynta y cinco: murio en Bolonia, y del ay estos versos:

Iurisconsultum celebrem, celebremq; Poëtam
Nosse cupis? Cyni scripta diserta legas.

Ioan. Andre. in addit. ad spec. tit. de succes abintest.

Dino fue maestro de Cyno, escriuio sobre los Digestos, y Instituta, donde escriue como meramente Legista, porque si creemos a Iuan Andres, no supo Canones. Murio año de mil y trezientos y tres, y del ay estos versos.

Primi ex antiquis Dino debentur honores
Interpres legum maximus hercle fuit.

Iacobo de Butrigario fue maestro de Bartolo, escriuio eruditamente sobre el ff. viejo, y C. de lecturas y sobre la Instituta.

Bar-

Bartolo nacio en Saxoſerrato año de 1309 de catorze años oyo la Iuriſprudencia, en Peruſio a Cino, Iacobo Butrigario, Raynerio, y Pedro de Belapertica, y a los ſiete años de ſus eſtudios leyo en Bolonia donde ſe doctoro de 21. años en el de Chriſto de 1330. viſpera de ſant Pedro y ſant Pablo, deſpues leyo en Peruſio donde gaſto cinco años en la repeticion de la l. de ætate ff. de mino. fue del conſejo del Emperador Carlos IIII. el qual le honro con las armas que le dio de vn Leon en campo de oro con dos colas como ſol obſcurecio con la luz de ſu doctrina a todos los luzeros del Derecho, murio en Peruſio de 46. años, en el de Chriſto de 1355. y fue ſepultado en el Monaſterio de ſan Franciſco. Ay del eſtos verſos:

Militiæ vexilla ſacræ fert Bartolus, errat
Qui ſibi vult alium præpoſuiſſe ducem.

Y Paulo Iouio en ſu libro intitulado Muſeo de los illuſtres varones le tiene retratado con eſtos ſiguientes epitafios:

Hic eſt Bartolus ille, iuris ingens
Lux, & commodus explicator, hic eſt,
Quem mors ante diem abſtulit maligna:
Heu mors inuida, & æuo iniqua noſtro,
Quæ leges iterum iacere cogis.

Vnquam si poterunt perire leges,
Cum ipsis Bartole legibus peribis:
Ast, si harum steterit perenne nomen,
Non est quod timeas mori perennis.

Baldo fue natural de Perusio hijo de Pedro de Vvaldis Medico: por lo qual algunos engañados piensan que lo fue el hijo: auiendo interpretado la ley centum capræ. ff. de eo, quod certo loco. De diez y siete años fue discipulo de Bartolo eruditissimo, y agudissimo en lo que escriuio, tanto que alabandolo Tiraquelo lo llama, Principe de los Interpretes, exceptuando a Accursio, y a Bartolo: pero quanto a la agudeza de ingenio da el primer lugar a Baldo.

Tiraquel. quæst. 31. num. 17.

Fue en sus opiniones poco constante: pero famoso en la interpretacion de entrambos Derechos Ciuil, y Canonico. Iason dize del, que no ignorò texto, ni caso ninguno. Llegò a edad decrepita, y murio de setenta y seys años, por el mes de Abril, del año de mil y quatrocientos y veynte y tres, fue sepultado con el habito del bienauenturado san Francisco, el qual habito dizen que se vistio quando quiso espirar. Fue sepultado en el Monasterio de san Francisco, con esta barbara inscripcion, que no merecia ponerse aqui:

Ias. in l. lecta, col. 8. ff. si certum petatur.

Conditur hic Baldus Francisci tegmine fultus,
Doctorum Princeps Perusina conditur arce.

Pero

Pero otro mas elegante refiere Paulo Sircio.

Qui Baldo iuris negat accendisse lucernam,
Ille potest medio Sole negare diem.
Nam dudum extinctam, hæc meliora sæcula lucis
Opprimerent, radijs: sed micat illa suis.
Illa suo authori tanto speciosior orbis
Fulgida quod Indis luxerit in tenebris.

Angelo de Perusio fue hermano de Baldo, y discipulo tambien de Bartolo: de veynte y tres años se Doctorò, y leyò publicamente. Fue tan famoso, como su hermano; y si inferior en el ingenio, igual en la erudicion, y superior en el juyzio. Sixto Pontifice Summo lo llamò à Roma, donde fue abogado Consistorial, y murio el mismo año, que su hermano. Del y de su hermano Pedro de Vbaldis ay estos versos. *Ias. in l. 1. ff. noui ope.*

En tibi quot radios effudit Vbalda propago
Post Baldum fulget Angelus, atque Petrus. *Fulgo. cons. 47. & 145.*

Alberico natural de Bergamo florescio el año de mil y trezientos, y quarenta. Iason le llama grande y excelente Doctor, y Fulgosio gran commentador, y practico; escriuio sobre los ff. ff. y Codice.

Bartholome Saliceto natural de Bolonia, florescio año de mil y quatrocientos y quatro. Fue desterrado de Bolonia por cabeça de parcialidad, y fue a Ferrara, donde alcançò tan gran lugar con el Duque Alberto, que obtuuo de Bonifacio VIII. licencia para fundar alli escuelas, donde fue el primer interprete de las leyes. *Cons. 134. Col. vlt. vol. 1.* Fue de tan subtil ingenio, que se singularizo en apartarse de todas las opiniones, como dize Alexādro. Del ay estos versos.

Cæsaribus verò Doctor Salicetus honorem
Restituit Baldi splendida signa sequens.

Los Rafaeles Cumano, y Fulgosio florescieron en vn mismo tiempo, que fue el año de mil y quatrocientos y veynte y seys. Fueron discipulos de Chripcia Castilion Milanes, Principe de la subtileza, de quien se dize, que le hartaron sus lecturas. Dellos ay estos versos.

Volue Raphaelis, docti duo lumina belli,
Quisquis ab ingenio scripta probanda putas.

Paulo de Castro leyò en Florencia cinquenta y siete años con tanta approbacion, que se dezia vulgarmente del, que si no vuiera Bartolo, vuiera Paulo. Murio en Patauia año de mil y quatrocientos y treynta y siete. Del ay estos versos.

Accipe Castrensis commenta fidelia Pauli,
Nemo tibi leges explicat vtilius.

Alexandro florescio cerca del año de mil y quatrocientos y sesenta. Leyò en Bolonia, y Felino le llama luz del Derecho. Del ay estos versos.

Quam belli Macedo clarus fuit ille triumphis,
Tantum hic Romano splendet honore togæ.

Corneo fue Perusino, donde leyò cinquenta años, y en Pisa y Ferrara, y murio de setenta y siete anos. Ay del estos versos.

Prisca Perusinæ caderet si gloria gentis,
Qui decus instauret, Corneus vnus erit.

Iason Mayno fue de Milan del Consejo del Duque; leyò en Papia, donde tuuo excelentes discipulos. Florescio año de mil y quatro cientos y ochenta y cinco, y murio muy viejo en Ticono; està sepultado en el monasterio de San Pablo con este epitaño.

Materia visor, & tu vis ire viator
Expediam, iacet hic ille Maynus, abi.
Hay del estos versos.
Quis Maynum ignoret, quod non peruenit Iason
Thessalus, haud tantum cognitus ille fuit.

Del

Del origen è historia del Derecho Canonico.

Cap. X:

EL buen Iurista ha de saber entrambos Derechos: porque son como vn par de guantes, que el vno sin el otro es de poco prouecho: no basta saber el Derecho Ciuil para ser perfecto Iurista, es preciso, que sepa tambien el Canonico: porque seria torpeza ignorarlo, y remitir el pleyto Ecclesiastico al abogado vezino. Bartolo fue notado, dize Corseto, de mal Canonista, y Baldo alabado no solo de buen Legista, pero de doctissimo Canonista, dize Romano: de mas de que entrambos Derechos tienen armonia, y consonancia: porque muchos Canones son disposiciones legales autorizadas con la aprobacion de los Pontifices. Porque, como ellos mismos dizen, no se dignan los sagrados Canones de imitar a las leyes Cesareas, y si fue necessaria la historia del Derecho Ciuil para su intelligencia, no lo es menos la del Canonico para la suya.

Corseto singul. 2. incipit vend.

Roma. in l. admonedi ff. de iure iu.

Por no cansar con antiguedades Romanas referire solamente por mayor, como Numa Pompilio segũdo Rey de Romanos, fue el primero, que eligio a Marcio por primero Põtifice, para presidir a las cosas sagradas, en las quales hizieron muchas constituciones Marcio y sus successores, que compiladas en vn volumen se llamò Derecho Pontificio, segun Aymerio Recialo. Pero no es este el Derecho de que se ha de tratar, sino otro menos antiguo, y mas noble: porq̃ fue de S. Pedro primero Põtifice electo por Christo, de su Iglesia, y los demas Põtifices successores en su silla. S. Pedro hizo algunas cõstituciones, y ordenò parte de la missa q̃ se celebra en su

Cap 1. de noui operis.

De iuris Canonici hist. num. 2.

Cap. si Romanorum. 19. distin.

Iglesia.

Iglesia. Sus successores fuerō multiplicādo las cōstitucio nes segū la necessidad de los casos las pedia. Estas cōstitu ciones y los Decretos de los Concilios, que se hazian, guardaualos la Yglesia Romana, y los comunicaua a las demas Iglesias con fuerça de ley, que le dio San Leon, y despues del, Gelasio. Destos sagrados Canones vuo al gunos particulares Collectores, que los reduxeron a vn volumen. El primero fue, San Isidoro, que recogio los Canones desde el tiempo de los Apostoles hasta el segundo Concilio de Seuilla. Y desta colection ay dos trassumptos en Roma, vno en la Minerua, y otro en la Vaticana. A este insigne Seuillano siguio en la colectiō Burchardo, aunque no en el orden; porque Isidoro distribuyò los Canones por los tiempos, y prouincias, en que se hizierō, y Burchardo por causas, y materias. Sus pisadas siguio no mucho despues Iuo Obispo Carnotense, añadiendo a su compilacion muchas cosas de las Pandectas, y Codice, en materia de officios seglares. Despues les quisierō imitar Cresconio, Anselmo, Deus dedit Cardenal, Gregorio presbytero, y Graciano; el qual no solo puso diligencia en recoger Decretales, como sus compañeros; pero picado de la colectiō de Iuon, quiso imitar su orden, proponiendo questiones y referiendo los Canones que auia por vna y otra parte; explicandolos, y reduziendolos a concordia: por lo qual intitulo su obra:

Concordia discordantium Canonum.

Como se halla en muchos traslados antiguos, de su original, aunque otros, que estan en la libreria Vaticana se inscriue:

Decretum Graciani monatris Felices.

Graciano fue Monje Benito del monasterio de San Felix de Bolonia, natural de Casia, ciudad de Tucia, aunque otros la llaman Dusio, y otros Guinsa, florescio el año de mil y ciento y cinquenta y vno en tiempo del Pontifice Eugenio Tercero, y fue hermano de Pedro Lombardo, que llaman el Maestro de las Sentencias, y

de Pede Pedro Comeſtor, que eſcriuio la hiſtoria Eccleſiaſtica: pues con ſummo eſtudio y trabajo recogio Graciano los Canones de los Canones de los Pontifices, Decretos de Concilios, Sentencias de Sanctos, conſtituciones de Emperadores, y leyes de Iuriſconſultos, y compuſo el Decreto en la forma que tengo referido, año de mil y ciento y veynte y ſiete. Lleuole Graciano a Roma para que el Papa le aprouaſſe, y dieſſe licencia para ſacarle a luz, valiendoſe para eſto del fauor de vn Cardenal llamado Propto Palea ſegun Imola, y Iaſon, para que lo puſieſſe en manos del Pontifice. El Cardenal conociendo la ſubſtancia del libro, ambicioſo del honor ageno, ſe llamò Autor del, añadiendole muchas ſentencias, y dichos de Sanctos debaxo del ordẽ de Graciano; el qual pidiendo ſu libro y negandolo el Cardenal, vuo ante el Papa pleyto, ſobre quien era el Autor. Graciano en prueua de ſu intencion offrecia al Põtifice dezir de memoria no ſolo el orden y diuiſiones del libro, pero en relacion todos los capitulos del. Conſintiolo el Cardenal, penſando que ignorando Graciano los capitulos, que el auia añadido, no ſaldria con ſu intento. Venidos a la conferencia, Graciano referia caſi de memoria ſus capitulos, pero omitia los que el Cardenal auia inſerido. Oponiale el Cardenal, que no era ſuyo el libro, pues ignoraua tal y tal capitulo, que eſtauan en el Decreto. Graciano viſtos los textos, cayò en en el engaño, y dixo, que el Cardenal los auia añadido malicioſamente, que donde eſtauan ſe echauan bien de ver, porque era paja, y no grano: por lo qual y el nombre de ſu author ſe llamaron eſtas addiciones Palea, y aunque algunos Decretos eſtan ſin ellas, los mejores ſon los que las tienen. Pero acabando la hiſtoria, la verdad de Graciano vencio a la malicia del Cardenal, y fue declarado el libro por ſuyo. Deſpues de muerto Graciano andaua eſte libro como todos los manuſcriptos mendoſo en diuerſas librerias; y para que no peligraſſe la autoridad de tan fructuoſo libro, ordenarõ Pio IIII. y deſ-

Imola in Rubr. de verbo. oblig.
Iaſon in Rubr. de actio.

y despues Pio Quinto; y vltimamente Gregorio Decimotertio, que se pusiesse summo cuydado en su corrección, y emienda, mirando los originales de las authoridades, y sobreescriuiẽdo los capitulos con los nombres de sus authores juntos diuersos Codices y traslados, que auia en diuersas partes y varones doctos sacaron pura, y perfecta esta obra conforme a la intencion de los Summos Pontifices.

Aunque ha sido cõtrouertido, si los Canones del Decreto tienen la authoridad que las demas partes del Derecho Canonico; la mas verdadera opiniõ, es q̃ està aprobado, como los demas libros, como lo resueluen Ioan Andres Abbad Arcediano, Feliciano, y Burgos de Paz, no en quanto està compilado por Graciano, sino en quanto son dichos y sentencias de Sanctos, que la Iglesia tiene aprobados: y assi se han de guardar, como leyes Pontificales, segun resueluen Butrio, y Arcediano precediendo la authoridad del Papa, en lo que toca a decision de pleytos, y la delos sanctos Doctores, en quanto a la interpretacion del sagrado texto segun Panormita no. c. 1. cum glossa 20. distin. Y entre los Doctores Ecclesiasticos se da mas credito a San Augustin en las disputas; a San Hieronymo en las historias, y trãslaciones; y a S. Gregorio en las cosas morales, segun vna glossa notable in cap. Vt veterum. 9. distinct. De donde infiere Constantino Rogerio, que en la interpretacion del Derecho Canonico prefiere el Canonista al Legista; y por el cõtrario en materias ciuiles: y los lugares que tiene de las sagradas letras, tienen la misma authoridad, en quanto a lo moral, segun Santo Thomas, pero no quanto a lo judicial y ceremonial. Y lo que mas es que las leyes ciuiles, que estan insertas entre los Canones del Decreto estan canonizadas segun Ancarrano, y Felino.

Felin. in cap. 2. de rescrip. nu. 43.

Paz. in l. 1. Tau. nu. 259.

Panorm. in ca. ne nitaris. n. 2. & 3. de constitutio.

Butr. & Archid. in c. de his 2. dist. 50.

Rogerio de iur. interpretatione. §. 3. n. 22. & 23.

D. Tho. 2. 2. q. 4. artic. 3. cum alijs.

El libro de las Decretales fue mãdado compilar por Gregorio Pont. Nono de las Constituciones, Cõcilios, y Epistolas Decretales de sus antecessores a San Raymundo natural de Barcelona de la orden de santo Domingo,

mingo, que con ſumma diligencia, y trabajo puſo las cõſtituciones de cada materia debaxo de ſu titulo, en los cinco libros de Decretales. Cuya recopilacion dio mas gloria y fama a Gregorio, que auer Canonizado a San Franciſco Principe de la orden de los Menores, ni a ſanto Domingo Patriarcha de los Predicadores. De la diuiſion y titulos de las Decretales ay eſtos verſos.

Pars prior officia parat, Eccleſiæque miniſtros;
Altera dat teſtes, & cætera iudiciorum:
Tertia de rebus & vita presbyterorum:
Quarta docet, quales ſint nexus coniugiorum:
Vltima de vitijs, & pœnis tractat eorum.

Deſpues de compilados los cinco libros de las Decretales, quedaron algunas cõſtituciones del miſmo Gregorio IX. y de ſus ſuceſſores; las quales recogio Bonifacio VIII. por medio de tres Obiſpos doctos varones, Guillermo, Berengario, y el Cardenal Ricardo de Petronibus, y tan bien digno, a quien Bonifacio prometio por el trabajo vn Capelo, aunque no cumplio la promeſſa.

Hecha la compilacion la llamò Bonifacio el ſexto de las Decretales, por ſer libro añadido a los cinco de Gregorio, y ſer numero perfecto, ſegun dize Bonifacio en la Epiſto. procmial. Y la razon de ſerlo da alli la gloſſa, Y Euclides, y mejor, que todos Macrobio. Con eſta cõpilacion hizo mucho mayor ſu nombre Bonifacio, que con la canonizacion de San Luys Rey de Francia, y cõceſsion del Iubileo centenario: porque a la variedad de los caſos, que la malicia humana introduze no baſtaron los Canones eſtablecidos. Clemente V. ordenò vn libro dellos, aunque no los promulgò, ſino Ioan XX. ſu ſucceſſor, que humanamente quiſo que ſe llamaſſen del appellido de ſu predeceſſor, Clementinas: y no ſiendo ſufficientes para la prouiſion de todos los caſos, el Pontifice Ioan XXII. ſu ſucceſſor hizo otras, que llamaron Extrauagantes, que ſon veynte.

In verb. perfectus Macrob. lib. 1. c. 6 in ſomno Scipio.

De

De los glossadores, y Doctores ordinarios del Derecho Canonico.
Cap. XI.

Los glossadores del Derecho fueron:

LAurencio. Tancredo. Ioan Teutonico. Archidiacono, y Geminiano.

Y aunque la glossa de Ioan precede a las demas, si bien corta, que tuuo necessidad de las addiciones, que le hizo Bartholome Brixiense: el qual florescio por el año de mil y duzientos y sesenta, y Ioan de Deo Doctor de entrambos Derechos escriuio la tabla de las cosas mas notables del Decreto.

Quãto a las Decretales el mas antiguo glossador, fue Gofredo, pero no se hallan, sino con la de Bernardo de Botino natural de Parma presbytero Compostelano, y Capellan de Innocencio IIII. El qual florescio por el año de mil y duzientos y quarenta y cinco; puso los casos a los Canones de las Decretales, y hizo algunas addiciones.

El Sexto de las Decretales fue glossado por tres, Ioan Monacho, Archidiacono, y Ioan Andres. La glossa de Ioan Monacho comiença *In nomine Dei amen*, con el capitulo, *Si certum. de regulis iuris.* El qual se muestra gran Maestro en declarar las dudas del Derecho. La glossa de Archidiacono por otro nombre llamado Guido de Baysio, comiença *Venerabilibus*, y se acaba en el titulo, *de verborum significatione*, porque no escriuio sobre el titulo, *de regulis iuris*. Y la glossa principalmente mira a exponer las palabras. Ioan Andres glossò no solamente el texto, pero le hizo algunas addiciones, las quales

quales ſe conocen quando en la gloſſa ſe halla citada alguna Clementina: porque tambien gloſsò las Clementinas. Eſta gloſſa fue tan vtil, que dize Bartolo Melepolo, que el libro a quien faltare eſta gloſſa, aunque tenga la de Monacho y Archidiacono, eſtà mendoſo, y falſo, y como tal compete la action *redhibitoria*, ò *quanto minoris*, contra el libro, para que buelua el precio, ò ſupla el juſto valor, como ſi en las Decretales faltaſſen las addiciones de Bernardo. Y por auer ſido tan eminente varon quiero darlo mas a conocer. Fue Ioan Andres natural de Bolonia, hijo de humildes Padres: floreſcio en la Iuriſprudencia el año de mil y trezientos y diez y ſeys, aunque mas ſe inclinò al Derecho Canonico, como parece por las gloſſas, que hizo al Sexto, y a las Clementinas, y dos volumines que intitulò *Nouelas y Mercuriales*, imputaronle que auia hurtado grandes pedaços de los conſejos de Oldrando Laudenſe, callando ſu nombre: por lo qual lo llamò Baldo, inſigne ladron de trabajos agenos, manifeſtando ſus hurtos, vicio tan bien recebido en eſte tiempo, que ya a qualquiera ſe le podra dezir.

Cepola de cogn. libro. iuris Cano. n. 32.

Per notata in l. 1. ff. de ædilitio edicto.

Baldo in addit. ad ſpecu. tit. de conce. præb. inſi.

Muta ſtylum librique titulum
Et efficies opus nouum.

De vna gran peſte, que vuo en Bolonia murio Ioan Andres año de mil y trezientos y quarẽta y ocho. Las Clementinas, ya dixe, que las gloſsò tambien Ioan Andres.

Las Extrauagantes Gonçalino de Caſanis.

De los Doctores ordinarios interpretes del Derecho Canonico pongo en primer lugar a Innocencio IIII. Pontifice, que Cardenal ſe llamò Sinibaldo Fleſco natural de Genoua de la noble familia de los Fleſcos. Fue en Bolonia diſcipulo de Azon Accurſ. y Iacobo Balduino, que en erudicion vencio a todos ſus temporaneos; y por ella merecio la ſilla de San Pedro. Eſcriuio tan bien ſobre las Decretales, que le llaman padre de la verdad; aunque algunos le muerdẽ de que por breue affectò eſcuridad: pero es digno de immortalidad por la modeſtia, con que dexo ſus obras en opinion de eſcriptor ordinario, pudiendo echar mano de la eſpada de poteſtad, y hazer de ſus opiniones Canones Al duodecimo año de ſu Pontificado murio en Napoles año de mil y duzientos y cinquenta y quatro.

Grande amigo de Innocencio fue por ſus muchas letras Henrico de Seguſia Cardenal de Hoſtia, y por eſto dicho comunmente Oſtienſe. Eſcriuio vna ſumma del Derecho Canonico, y ſobre los cinco libros de las Decretales: floreſcio año de mil y duzientos y cinquenta y cinco. Antonio de Butrio fue de Bolonia igualmẽte Doctor en letras, y ſanctidad: floreſcio año de mil y quatrociẽtos y diez y ſiete. Eſcriuio ſobre las Decretales, y Clemẽtinas, y dos repertorios, vno al Derecho Canonico, y otro al Ciuil: murio año de 1418.

Pedro de Ancarrano fue tambien de Bolonia, contemporaneo de Butrio: floreſcio año de mil y treziẽtos y nouenta y nueue; fue diſcipulo de Baldo: eſcriuio ſobre las Decretales Sexto y Clementinas. Ioan de Imola eſcriuio ſobre tres libros de las Decretales, y ſobre el Sexto y Clementinas: murio año de 1345.

Nicolao Siculo Abbad primero Monacenſe, y deſpues Arçobiſpo de Palermo, varõ de ſumma eloquẽcia, y doctrina, diſcipulo del Cardenal Zabarela; leyo muchos años el Derecho Canonico en Sena; eſcriuio ſobre las Decretales: murio poco deſpues de auer venido del Concilio de Baſilea a Italia, año de 1425.

Felino Sãdeo fue natural de Ferrara, y Canonigo della, donde leyo, y en Piſa con tanta aprobacion, que ſe adelantò a todos los Doctores de ſu tiempo: por lo qual lo lleuò a Roma Innocencio VIII. para leer en el colegio de la Rota, donde lo honrò con muchas dignidades. Eſcriuio ſobre los cinco libros de las Decretales.

Decio fue natural de Milan Monarcha de la Iuriſprudencia de ſu tiempo, y gran emulo de Iaſon ſu contemporaneo. Deſpues de auer leydo treynta años en Italia, por infortunios fue compelido a dexar ſu patria, è yr a Leon de Francia, pobre y ſin hazienda reynando Carlos VIII. donde fue de ſu conſejo. Pero deſpues buelto a Florencia, leyo en ella en Piſa y Sena, donde voluio a rehazer ſu hazienda, lleuando de ſalario cada vn año mil y quinientos ducados. Murio de nouenta y ocho años, en el de Chriſto de mil y quinientos y treynta y cinco: fue lleuado ſu cuerpo a Piſa donde eſtà con vn ridiculo epitafio. Egidio Belamera eſcriuio tambien ſobre las Decretales, y vnos conſejos, y deciſiones, que ſe tienen por oraculos Delphicos. Fue auditor del Sacro Palacio del Papa, y Obiſpo de Auiñon, donde murio año de mil y trezientos y ſetenta y quatro.

Ioan de Anania, a quien llaman Archidiacono Arcediano de la Igleſia de Bolonia, eſcriuio ſobre el quinto de las Decretales, y floreſcio año de mil y quatro cientos y cinquenta.

Origen del Derecho Real de Caſtilla, y ſus gloſſadores.

Cap. XII.

TODO lo referido ſirue para intelligencia del Derecho Real de Caſtilla, que ſon nueſtras leyes, y aſsi ſeera neceſſario moſtrar ſu origen y diſcurſo.

En el año de 143. del Diluuio vniuerſal, poblo a Eſpaña y reynò en ella Tubal hijo V. de Iaphet y nieto de Noe, el qual dize Florian de Ocāpo dio a los Eſpañoles leyes en metro cōpueſtas, y tomolo de Eſtrabō autor Griego, ꝙ floreſcio en Roma Imperādo Tiberio Ceſar. Cō eſtas leyes ſe gouerno Eſpaña haſta ꝙ los Romanos ſe hizierō ſeñores della, ꝙ en eſte ſegundo eſtado ſe rigio por ſus leyes, y Magiſtrados como refiere

Florian. lib. 1. c. 4

Eſtrabon lib. 3. de ſitu orbis.

fiere Estrabon, q̃ fue a los tres mil y cinquenta del mun do, quando Publio Scipion dexando por gouernadores de España a Lucio Lentulo y Lucio Manlio, entrò en Roma triumfando della. Permanecio en este gouierno hasta la entrada de los Godos en España, que fue el año de quatrocientos y diez y seys de Christo, Imperã do Honorio, y Archadio. El primero Rey Godo fue Ataulfo; porque fue el primero en el señorio de España; pero ni el ni sus successores dieron leyes a los Godos Españoles, hasta Eurico, gouernandose por vsos, y costumbres, y buen arbitrio segun el Arçobispo dõ Rodrigo, y don Alonso de Cartagena, que fue el tercero estado del gouierno de España. Eurico fue Nono Rey de los Godos Españoles. Reynò el año de quatrociẽtos y sesenta y ocho; acabò de echar a los Romanos de España auiendo estado en ella setecientos años; y fue el primero, que dio a los Godos leyes escriptas, que fuerõ impressas en Paris el año de mil y quinientos y setenta y nueue, sub titulo C. legum Vvisigothorum. Las quales Leouigildo reformò, corrigio, y añadio, como dize el Arçobispo dõ Rodrigo, y despues Alarico mandò al Iuriscõsulto Annio recopilar las leyes, que se auiã de guardar en España, añadiẽdo muchas leyes Godas y del Derecho ciuil, como refiere Cuiacio, y Deciano. Multipli cãdolas fuerõ los Reyes sus successores, y aprouando las de sus predecessores, en los Cõcilios, q̃ con los Obispos haziã, hasta Sisenãdo III. q̃ en el IIII. Cõcilio de Toledo celebrado el año de 633. hizo compilar assi sus leyes, como las establecidas por sus predecessores en vn libro Latino, que se intitulò *Liber iudicũ*, y traduzido en Castellano, por los mismos *Fuero juzgo*. Porque como los Españoles llamauan a qualquier libro o quaderno de leyes fuero, le dieron titulo de fuero, a este libro, el qual recopilò S. Isidoro en vn volumen de doze libros, y se trasladò despues, como dize Baeça de Latin en lengua Castellana. Despues Cintila en el Concilio Quinto, Cindasiunto en el Concilio Septimo, y Flauio Reci-

Dict. lib. 3.

Roderic. li. 2. c. 10 rerum Hisp. gest. Don Alonso in Anacephaleosi. c. 16.

Cuiac. in operibus suis ante fragm. Paul.
Deciano in Apologio. c. 7.

Reciſiunto en el Octauo, y Eruigio en el Duodecimo, le añadieron, y Flauio Egica en el Concilio X V I. y ſegun otros en el X V I I. los puſo en la forma, que eſtã oy, y aſsi ſe atribuye a el, aunque ſe ha intitulado a Siſenando, por auer ſido el primero, que dio principio a ſu recopilacion: con que ſe concuerda la contrariedad de los que attribuyen eſte libro a Siſenardo en el I I I I. Concilio, y otros a Egica en el X V I. Y aunque con la perdida de Eſpaña ceſſo la Monarchia de los Godos, pero no ſus leyes, y gouierno el qual ſe conſeruo en los Chriſtianos que quedaron, y con la reſtauracion de los Reynos ſe reſtauraron tãbien las leyes, como dize Blãcas. Conſeruoſe tambien el rezo, y Breuiario Godo, haſta el tiempo del Rey don Ramiro de Aragon, que en el Concilio de Haca recibio el Romano. Eſte fue el quarto eſtado del gouierno de Eſpaña, que duro caſi trezientos años, que los Godos la ſeñorearon, haſta que el Rey dõ Rodrigo ſu vltimo Rey la perdio en la batalla, q̃ dio a los Moros en los campos de Xerez, el año de ſetecientos y quatro, por cuya entrada en Eſpaña ceſſaron las leyes Godas, y ſe obſeruarõ las Arabes. Pero deſpues reſtaurandoſe por los Reyes de Caſtilla, fue reſtituyda la obſeruancia de las leyes antiguas, en algunos lugares, las quales confirmauan los Reyes, y mandauan guardar de nueuo, como cuenta Eſteuan de Garibay, y las ciudades, como ſe yuan reſtaurando de los Moros, yuan pidiendo a los Reyes priuilegios de libertades y exempciones, que agora ſe llaman fueros, como el de Sepulueda, y el de Sahagun, y otros. Eſtas leyes antiguas fueron la fuente, y modelo de las modernas de Eſpaña, y por ellas ſe puede juzgar oy faltando ley de recopilacion, Ordenamiento, y Partidas, como defiende Villadiego, aunque fueron de contrario parecer Montaluo, Palacios Rubios, y Burgos de Paz; dando ſolamente licencia de que ſe pueda arguyr dellas. Por eſtas leyes ſe gouerno parte de Caſtilla, y otra parte por coſtumbres, vſos y aluedrios de hombres buenos, haſta el

Baeça de inope debitore. c. 16. nu. 46.

Blancas in com. rerum Aragonia. tit. de Mauris ex Hiſpania expulſis fol. 132.

Lib. 9. de compen. hiſt. c. 37. & 41.

Villadiego en las aduertẽcias al fuero juzgo.

Burgos de Paz in l. 1. Taurin. 292.

Rey don Alonso el Sabio, que ordenò el fuero Real de Castilla el año de Christo de mil y duziẽtos y cinquenta y dos, que fue el quinto estado del gouierno de España, como parece por el proemio en aquellas palabras. Entendiendo, que la mayor parte de nuestros Reynos no ouieron fuero fasta el nuestro tiempo, è juzgauase por façañas, è por aluedrios departidos de los homes, è por vsos, è desaguisados.

Bart. in l. 1. Tauri. nu. 79.

De suerte que despues de la restauraciõ de España el primer libro de leyes, que se ordenò, fue el fuero Real: el qual contiene quatro libros, los quales se guardan en quanto el que las alegare en su fauor prouare ser vsadas, y guardadas, segun Burgos de Paz. Despues destas leyes el Rey Don Alonso el Sabio, y su hijo Don Sancho, y su nieto Don Fernando el Emplazado ordenaron las leyes del estylo, para declarar las leyes del Fuero, como consta del principio dellas. *Aqui comiençan las leyes del Estylo, por otra manera se llaman declaracion de las leyes del Fuero.* Y dizense del Estylo por ser ordenadas, de la practica comunmẽte recebida en los tribunales; la qual se llama Estylo, y se ha de guardar, conforme a Derecho, y resolucion de los Doctores. Y aunque el Estylo no se guarda con otro, fuera de su tribunal, segũ Baldo, pero quando el Estylo es escripto, y confirmado por el Principe son verdaderas leyes, y liga a todos, conforme a Derecho: porque el Estylo de la Corte, y Chancilleria, dõde se representa la persona Real, por su tacita aprobacion haze Derecho, segun resuelue Burgos de Paz. Estas leyes del Estylo son duzientas y cinquenta y dos. Y aunque Don Christoual de Paz dixo, que siempre estan in viridi obseruãtia, y no tiene necessidad el que las alegare de prouarla, de la contraria opinion fueron Diego Perez, y Burgos de Paz. Ordenò tãbien el Rey Don Alonso el Sabio las leyes de Partida, y llamanse ansi, porque este libro esta diuidido en siete partes. Y la razõ deste numero da el mismo Don Alonso en el proemio dellas. Estas leyes son las que mas se hã de tener delante

Ca. quoniam graui. de crim. falsi. L. si pacto quo poenam. C. de pactis. Bart. & DD. in l. 2. C. quae sit longa consuet. Bald. in l. 2. de feriis nu. 1. C. ex literis de constitut. C. liter. de iura. calum. D. Christoual de Paz. in princ. leg. styli. 89. & 93. Burgos de Paz. in proœm. l. Tau. nu. 227. Diego Perez in quaesti. proœm. q. 7. Burg. de Paz. vbi sup. n. 37.

lante de los ojos; porque se formaron de las mas selectas assi del Reyno, como del Derecho ciuil. Donde casi para cada vna se hallara concordante, como facilmente se vee por la concordata, de Ximenez: porque segun Gregorio Lopez todas, ò las mas fueron trasladadas de los Iurisconsultos y Emperadores. Pero no se gouerno España por ellas, ni tuuieron fuerça de ley hasta los Reyes Catholicos Don Fernando, y Doña Isabel, que las promulgaron, y mãdaron que los pleytos se determinassen por ellas. Tambien mandaron publicar el Ordenamiento Real, añadiendole las pragmaticas, y capitulos de Cortes, que se auian hecho despues de la recopilacion de las Partidas, y del Ordenamiẽto por los Reyes successores de D. Alõso el Sabio; las quales primero auia mandado recopilar el Rey D. Ioan el II. a peticion del Reyno, y despues D. Henrique el IIII. a suplica del Reyno: pero no tuuo effecto hasta los Catholicos Reyes, q̃ lo pusierõ en execucion, cometiẽdolo al Doctor Alonso Diaz de Montaluo, de su Cõsejo. Tãbien ordenaron las leyes de Toro, aunq̃ no se publicaron en su vida, y las promulgò la Reyna doña Iuana su hija en la ciudad de Toro, año de 1505. son 83. vnas correctorias de las primeras, otras declaratorias, y otras q̃ induzẽ Derecho nueuo. Despues desto auiẽdose hecho assi por los Reyes Catholicos, como por la Reyna doña Ioana su hija, y el Rey dõ Felipe II. muchas leyes, pragmaticas, capitulos de Cortes, y cartas acordadas, corrigiendo, emendando, y añadiẽdo a las demas leyes, dellas dudosas, dellas erradas, y diminutas, por euitar confusion, y perplexidad, el Rey Don Philippe II. mandò recopilar todas las leyes, primero al Doctor Pedro Lopez de Alcocer abogado de la Chancilleria de Valladolid, q̃ muriẽdo sin acabarla, se cometio al Doctor Escudero, del cõsejo de su Magestad. Y muriendo ansi mismo sin acabarla se cometio en tercer lugar a el Licẽciado Pedro Lopez d̃ Arrieta d̃l cõsejo de su Magestad; y en vltimo lugar a el Licẽciado Atiẽça del mismo consejo, que fue el que puso en esta obra la vltima

Grego. in proœm. Part. 1.

mano, y tuuieron fuerça de ley desde catorze de Mayo de mil y quinientos y sesenta y siete, y el orden, que ay cerca de determinar los pleytos, por las leyes, es que la ley primera de Toro en primero lugar, por las pragmaticas, capitulos de Cortes, y leyes de la nueua Recopilacion, y en segundo lugar por las leyes del fuero assi Real, como municipal de cada lugar, en lo que fuere vsado, y guardado no siendo contra las leyes de la nueua Recopilacion; y en tercero lugar por las leyes de Partida. Este es el derecho comun de Castilla, en el qual faltando decision se ha de acudir al Derecho Canonico, segun la mas comun opinion, que refieren Palacios Rubios, Castillo, Cifuentes, y Bernardo Diaz: los quales refiere Diego Perez, y a falta de Canon se ha de acudir al Derecho ciuil de los Romanos; no en quãto a derecho, porque no lo es de España, sino en quanto està fundado en razõ, para arguyr della segun resuelue Diego Perez. Esto es verdad siendo la causa profana; pero si fuesse espiritual Ecclesiastica ò de fè se ha de buscar authoridad del Nueuo, ò Viejo Testamento, ò sentencia de Sancto, ò Concilio. Vltimamente aduierto, que las leyes, que no son penales, ni se fundan sobre presumpcion, sino sobre cosa cierta, siendo de la intencion del Principe obligan en consciencia, segun Santo Thomas, y otros Doctores, que refiere Diego Perez.

Perez. in qq. proœmia q. 4.
Diego Perez. q. 3
Glo. in cap de libellis. 20 distin.
Dieg. Perez. q. 10
Dict. q. 10.

De las leyes del Fuero juzgo fue glossador el Doctor Villadiego.

El fuero Real glossò el Doctor Alonso Diaz de Mõtaluo del consejo de los Reyes Catholicos.

Las leyes de Toro, Don Christoual de Paz.

Las leyes de las Partidas, el Doctor Gregorio Lopez del Consejo de su Magestad.

El Ordenamiento Real glossò el Doctor Diego Perez, Cathedratico de Salamanca.

Las leyes de Toro, Palacios Rubios, Castillo, Gomez Arias, Cifuentes, Burgos de Paz, Antonio Gomez, Tello Hernandez, y Velazquez de Auendaño.

Las

La nueua Recopilacion el Doctor Azeuedo, y el libro 5. della el Doctor Matienço.

Pero dira alguno, con que autoridad hizieron estas glossas al Derecho estos Doctores, pues solo el Principe que puede hazer la ley, la puede interpretar; y Iustiniano prohibio, que nadie pudiesse hazer commentos a sus leyes, y lo mismo el Rey Don Alonso. Fueras ende, si lo hiziessen con otorgamiento dellos. Respondese, que ay dos generos de interpretacion del Derecho, vna general, y necessaria, y que se ha de reduzir a escriptura: y esta es la que solo el Principe puede hazer. Otra interpretacion de leyes ay probable, y que se puede poner por escripto, si bien no sea necessaria, y esta es la que hazen los Doctores, como Bartolo, Baldo, y los demas, porque no obliga a seguirse ni juzgando, ni disputando, segun resuelue Constantino Rogerio.

L. 1. §. hoc autem C. de vetere iur. enucle.

L. 12. ti. 1. partit.

Rogerio de iuris interpretatione §. 3. principaliter n. 1. & 2.

Qualquiera no solamente Doctor en Derechos, como quiso Diego Perez, sino Bacalaureo en ellos puede glossar las leyes: porque esta potestad se le concede por el summo Pontifice, y el Rey, quando se gradua de Bachiller, dandole facultad, para que pueda interpretar los Derechos por otros, ò en fuerça de razon, y no solo por declaracion, pero por ampliacion, y inducion, y aplicacion: la qual por ninguna ley ò estatuto se puede quitar, dize Baldo. Y los lugares de la oposicion, se entienden, ò de aquella interpretacion, que es general y necessaria, y solo el Principe la puede hazer, o aquella que es friuola, ò quita ò añade algo a la ley; pero no de la literal, dize Diego Perez.

Bald. in l. fin. ff. de orig. iur.

Diego Perez in proœmio ad ordin. reg quæst. 2.

(¿)

Primeros Rudimentos de la Iuriſprudencia. Cap. XIII.

Lib. 2. de anima.

Mat. cap. 23.

EL entendimiento del hombre, dixo Ariſtoteles, que era como vna tabla limpia, en que no auia nada eſcrito, pero con capacidad para eſcriuir en ella: el que lo ha de hazer es Dios, como dize ſan Matheo. Solo vn maeſtro teneys, el qual reſide en los Cielos, porque es el que illuſtra el entendimiento del hombre, para percibir las ſciencias mediante la doctrina de los Maeſtros. Bien podia Dios, ſin inſtrumento humano, infundir en el hombre ſciencia, como Adan, Salomon, y los Apoſtoles, pero no da el conocimiento della, ſino por la commun ley de todas las coſas. La gracia por virtud de los ſacramentos, y la ſciencia por medio de los maeſtros, y eſtudios. Pues para que el nueuo profeſſor de la Iuriſprudencia, no ſe offuſque en ella, es fuerça, que lo primero, que ſe eſcriua en la tabla de ſu entendimien ſean los terminos y primeros principios de la Iuriſprudencia, que ſon los primeros eſcalones, para ſubir a ſu cumbre. Porque ſi ignoraſſemos la naturaleza dellos ſeriamos, como dize ſan Pablo, Barbaros entrambos diſcipulo, y maeſtro. Y aſsi imitando a Iuſtiniano, que ordeno las inſtituciones, para enſeñar por camino mas blando, y ſuaue a los biſoños en la milicia de la Iuriſprudencia referire los primeros, y mas claros principios della.

1. Ad Cor. ca. 14.

In §. his igitur inſtit. de iuſtitia & iure.

Mateazo lib. 2. cap. 7. num. 1.

I. RVDIMENTO.

LOS principios del Derecho Ciuil, ſe diuiden en dos claſſes, vnos primarios, y otros ſecundarios.

rios. Primarios ſon vnos preceptos vniuerſales, tan conocidos por ſi miſmos, que no han meneſter demonſtracion. Exemplos ſon aquellos tres. *Honeſte viuere. Alterum non lædere: Ius ſuum vnicuique tribuere.* Y dellos nacio aquel precepto tan celebrado por Alexandro Emperador, *Quod tibi fieri non vis, alteri ne feceris, & per contrarium, Alteri facias, quod tibi velis.* Secundarios principios ſon los axiomas, y reglas de Derecho; porque no dimanan tanto de la naturaleza, quanto de alguna razon ciuil, aprouada por el commun vſo de los hombres. Y eſtos ſe ſubdiuiden en vniuerſales, generales, y particulares. Vniuerſales ſe llaman los que ſe pueden ajuſtar a qualeſquier partes, y queſtiones del Derecho. Exemplo.

§. Iuris præcepta inſt. de iuſtitia. L. 1. ff. quod quiſque Iuris c. ponderet 50. diſtinctio. L. ſecundum naturã ff. de reg. iuris. L. 2. §. idẽ Varus ff. de aqua pluuia. L. verum §. tempus ff. pro ſocio. L. non omnes ff. ſi certum petatur.

Quem incommoda ſequuntur, is quoque commodum ſentiat.

L. 1. ff. de conſtit. pecun.

Quod mihi non nocet, & tibi prodeſt, facere teneor.

L. 1. §. ſi conueniat ff. depoſi.

Nemo ex dolo proprio commodum capiat,

Dolis & fraudibus ſuccurrendum eſſe.

L. bonam fidẽ C. de acti. & oblig.

Y con eſtos exemplos ſe cuentan las reglas de entrãbos derechos, que por eſtar juntas no las pongo.

Generales principios ſon aquellos, que eſtan eſtablecidos por ley para ciertas y ſingulares partes del Derecho. Exemplo.

L. ſicut C. de actionibus & oblig.

In contractibus fidem non fallere, ſed quæ contrahẽtibus placuerunt cuſtodiri.

L. 1. C. de ſacroſanctæ Eccleſ.

Contractus ex coniunctione legem accipere.

Bonam fidem in contractibus conſiderari.

Contractus ab initio voluntatis eſt, poſt quam initus eſt, neceſsitatis.

Nihil eſt, quod magis hominibus debeatur, quam vt poſtremæ voluntatis liberum habeant arbitrium.

Particulares preceptos ſon aquellos, que la ley determino en ciertos y ſingulares caſos. Exemplo.

Sine re & pretio nullam eſſe venditionem.

§. Pretium inſt. de Empt. & vend.

Mutui datio conſiſtit in rebus, quæ pondere, numero, & menſura conſtant,

L. 2. §. mutui ff. ſi cert. petat.

Stipulatio

L. 1. ff. de verborum significatione.

Stipulatio non concipitur, nisi vtroque loquente, præcedente interrogatione, & sequuta responsione. Y no obstara si alguno opusiere contra esta diuision, que la naturaleza de los principios es, que no dependa de otra cosa, sino de si misma, seguun Aristoteles, pues los tres primeros principios, *Honeste viuere*, *Alterum non lædere*, *suum vnicuique tribuere*, proceden de Derecho, por lo qual se llaman Iuris præcepta: luego no son principios de Derecho. Del mismo pie coxean todas las reglas del Derecho, las quales nacen tambien del Derecho: porq. *Regula est, quæ rem, quæ est breuiter narrat, non vt ex regula Ius sumatur, sed vt ex iure quod est regula fiat.* Luego si la regla no es primero que el Derecho, si no se deriua del, no puede llamarse principio de Derecho. Porque se responde, que si bien es verdad, que la ley, y el arte ha de imitar en todo lo que fuere possible a la naturaleza, no la puede imitar, ni igualar plenamente, y si los Iurisconsultos tuuieron por principios de Derecho las vniuersales, y conocidas proposiciones, en quien sin contradicion ni duda ninguna descansa el entendimiento, y por las quales se illustra, y facilita, para la inteligencia de otras, como son los principios de qualquier arte ò sciencia, que por si mismos son conocidos, y medios para el conocimiento de otros.

Arist. Phycoarũ 1.

L. 1. ff. de reg. iuris.

§. minorem inst. de adopt.

Mateazo lib. 2. cap. 7.

II. RVDIMENTO.

L. 2. §. vltimo ff. gibus.

LO primero ha de saber el professor de la Iurisprudencia, dize el Iurisconsulto Vlpiano. *Vnde nomen iuris descendat*: Esta palabra *Ius* se dize segun vnos à iubendo: porque todo lo manda, segun otros *â iusta*: porque significa la equidad, que ha de auer en todas las cosas: Pero Vlpiano la denomina de Iusticia. Ius se scriue principalmente por tres cosas Lo primero por aquello, que dicta la razon. Lo segundo por la equidad, que es el obiecto de la iusticia mas principal. Lo vltimo por vna arte, donde estan compilados los preceptos de Derecho.

L. 1. ff iustitia & iure.

L. plus iuribus ff. de iustitia.

recho. Y aſsi lo diffinio Celſo diziendo que era, *Ius ars boni & æqui.* Aunque ha ſido controuerſo ſegun refiere Angelo Mateazo, ſi *ius* fue primero que *Iuſticia.* O la *Iuſticia* primero que *ius.* Y algunos dixeron, que es controuerſia tan inutil, como preguntar, ſi fue primero la noche que el dia; el ſueño, que la vigilia, o el hueuo, que la gallina. Aunque reſueluen que primero fue el dia, que la noche. La vigilia que el ſueño, y el hueuo que la gallina. Aſsi meſmo Vlpiano reſuelue eſta queſtion por eſtas palabras, *Iuri operam daturum, prius noſſe oportet, vnde nomen iuris deſcendat.* Eſt autem ius à iuſtitia appellatũ. Y ſi como diximos ius ſe toma por la equidad, que la juſticia tiene en todas las coſas, dando a cada vno lo que es ſuyo: bien conſta que la juſticia como cauſa es primero, que ſu effecto. Y aſsi Ariſtoteles entiende, que al Derecho fue poſterior a la juſticia, contra los Grammaticos, que affirman, que la juſticia fue poſterior al Derecho: porque de ius nacio la palabra iuſtum, & a iuſto iuſticia. Pero Corraſio les reſponde diziendo, que no ſe toma aqui la palabra ius, por lo que la ley determina, ſino por vna colectiõ de preceptos. Y aſsi lo entẽdio Vlpiano quãdo dixo, *Iuri operam daturus id eſt Iuriſprudentiæ.*

Ang. de via & ratio ne iuris li. 1. c. 11. num. 6.

L. 1. ff. de iuſtitia & iure.

Ariſt. lib. 5. ethic. cap. 7.

Corario de iuris arte cap. 12.

L. 1. §. huius ſtudij ff. de iuſtitia & iure.

Vlpiano diuide el Derecho en publico, y particular: y eſte en Derecho natural de las gentes, y Ciuil. Y aunque Agricola opugna eſta diuiſion, diziendo, que es impoſsible, que el Derecho publico no conſte del Derecho natural de las gentes y Ciuil, ingenioſamente le reſponde Alciato, que la diuiſion de Vlpiano no fue ſimplemente del Derecho, ſino del que vſauan ſolamente los Romanos: porque los preceptos naturales no pertenecian al eſtado del pueblo Romano, pues por ellos no ſe eſtendia ſu Imperio en las demas naciones, no ſatisfaziendo eſta ſolucion a Angelo Mateazo da otra, que Vlpiano quando dixo, que el Derecho particular era tripartito recopilado del Derecho natural, y de las gentes, y el Ciuil, no por eſto excluya deſta tripartita diuiſion al Derecho publico, ſino porque tenia en ſu animo

tratado

tratado solamente del Derecho particular. Lo qual mas claramẽte dixo Iustiniano tratãdo desta diuisiõ. *Dicẽdũ est igitur de iure priuato.* Esta palabra *ius* tiene varias significaciones. Vnas vezes se toma por la conjuncion de sangre ò amistad. *Veluti est mihi cum eo iu o cognationis, affinitatis, amicitiæ ve.* Otras por el lugar : tribunal, de donde se administra justicia: y en este sentido se entiende el lugar de Terencio, *in ius ambula.* Y las frases iuridicas, *in ius vocare. In iure interrogari, & confessos in iure pro iudicatos haberi.* Y otras vezes se vsurpa por la licencia, y facultad de hazer alguna cosa. Y en este sentido se llaman *iura* las seruidumbres, las actiones, obligaciones, y herencias. Vltimamente se dize *ius*, lo que la razon natural, la ley del Principe, o consentimiento del pueblo establece: y entonces *ius* significa orden, o precepto, dado por Principe soberano a sus subditos, y vassallos. Y es en tres maneras respecto de otras tres, que se pueden considerar de superiores. Si el superior es Dios, se llama su precepto *ius diuinum*: si es la naturaleza *Ius naturale*: si es el hombre, *Ius humanum*, que por otros sinonomos se llama, *ius gentium*, *ciuile*, *& positiuum*. Y dexando a parte la ley eterna, que es summa razon en Dios, digo que Derecho diuino es el que dio Dios à su pueblo en el testamento Viejo: el qual contiene tres suertes de preceptos. Vnos morales, que tocan a la reformacion de costumbres: los quales obseruamos. Otros ceremoniales: que miran a los ritos del templo: y otros judiciales, o legales, que son del orden de los juyzios: y estos estan abrogados en todo lo que no estuuieren aprouados en el Testamento nueuo, cuyos preceptos son nuestro Derecho diuino.

Derecho natural se dize aquel, que es commun a todo el genero humano racional, y irracional porque inclina por instinto natural a lo que deuen hazer

Lex æterna summa in Deo ratio.
L. Iura sanguinis ff. de reg. iuris.
L. 1. l. voluit §. si ff. de interrog.
Terent. in Phormione.
L. 1. ff. de vsu fruct.
L. 1. ff. de rerum diuisio.
L. 1. §. ius naturale ff. de iustit. & iure. in princ. int. eodem ca. ius naturale 1. distinctione

hazer todos los animales, como el ayuntamiento de macho y hembra; la procreacion de los hijos, y el cuydado de su alimento. De aqui desciende tambien la obligacion, que los Iuristas llaman Antidoral, por la qual se obliga naturalmente el hombre a corresponder al beneficio recebido: lo qual no solo predomina en los hombres, pero en los brutos, como sintio Accursio. Y lo comprueua Aulo Gelio con el exemplo de Andronico, que condemnado á las bestias (que era la pena ordinaria de los condemnados a muerte por los Romanos) y arrojado en el patibulo a vn leon, el qual reconociendo ser Andronico, el que en Africa le auia sacado del pie vna espina, se le echo a los suyos, como si fuera vn cordero, lamiendole y alagandole en señal de agradescimiento. Deste Derecho natural nacio ansi mesmo la commun possession de todas las cosas: porque en el no ay mio, ni tuyo: todas son communes, y nos obliga en tiempo de necessidad quando nuestro proximo la tiene extrema a communicar nuestros bienes al que esta en ella. Resultaron tambien deste derecho aquellos dos preceptos naturales, *Lo que quieres para ti has de querer para otro, y lo que no quieres para ti no has de querer para otro.* Lo qual llaman los Doctores ius politicũ, que es lo mesmo que Derecho natural que obliga en el fuero de la consciencia.

L. sed & si lege §. consuluit ff. de petitione hæreditatis, & ibi Accur. Cap. cũ in officijs de testamentis.

Gelio lib. 5. noct. Athica cap. 14.

§. Sed naturalia instituta de iure naturali.

Y este derecho començo con el mesmo genero humano: el qual es immutable, y no se varia. El derecho positiuo es vna ley humana variable, segun la variedad de los tiempos. Diuidese este Derecho en Canonico, y Ciuil: y estos dos Derechos tuuieron principio de aquellas dos lumbreras de la Iglesia militante, del Romano Pontifice el Derecho Canonico, y del Emperador Ciuil. En la fabrica de todas las cosas considera Aristoteles, quatro, dos internas, y dos

externas,

Externas, materia y forma, que son las internas, causa efficiente, y final, que son las externas, *Materia est, ex qua aliquid fit.* Causa efficiente es, *â qua aliquid fit,* y la forma per quam aliquid tale fit. Causa efficiente es, *â qua aliquid fit,* y causa final *propter quam aliquid fit.* La materia y subiecto del Derecho es el estado de las cosas, dichos, y hechos de los hombres. La forma es el niuel, q̃ da la ley, por donde las actiones de los hombres se gouiernen, segun equidad, y justicia. La causa efficiente es el Principe, que es legislador, el Emperador del Derecho Ciuil, y el Pontifice del Canonico. El fin del Derecho Canonico es encaminar las almas de los Catholicos Christianos a su patria celestial, que es la bienauenturança. Y el fin del Derecho Ciuil es hazer al hombre politico, dirigiendolo al bien humano, y vtil conseruacion de la Republica.

IIII. RVDIMENTO.

Arist. 2. phys. cap. porro distinct. 3.

EL derecho canonico dixe como se diuidia en cinco partes principales, Decreto, Decretales, Libro Sexto, Clementinas, y Extrauagantes. Y dizese ius Canonicum: porque su fabrica es vna collection de Canones. Agora dire la differencia, que ay entre Canon, Decretal, y Decreto.

Canon palabras Griega se dize propriamente la regla, el estatuto que se haze en Concilio general, nacional, o prouincial. Decreto se dize el estatuto, que el Papa haze de consejo de sus Cardenales. Motu proprio, sin consulta de nadie, poniendolo por escripto.

Epistola decretal se llama, lo que el Papa determina, ò rescriue solo, o por consejo de los Cardenales, pero à peticion ò consulta de otro. De donde se infiere, que aũque el Derecho Canonico se compone de Canones, decretos, y epistolas decretales, q̃ no tienen vn mismo origen, sino differentes principios. Y quando el decreto se toma por el libro de Graciano, no significa lo que referi

de la

de la palabra Decretum, sino vn libro, en que estan escriptos los dichos, y sentencias de los sanctos recopilado por Graciano, que lo intitulo assi.

Y el libro que llaman Decretales se tomo por el libro en que estan los Canones, Decretos, y Decretales de los Pontifices Romanos, que son por todos tresmil menos diez y ocho, como consta destos versos.

Biscentum tituli, sed quindenos remouebis:
Sunt decretales termille at absque nouembis.

V. RVDIMENTO.

EL Decreto contiene tres partes. Y la primera ciento y vna distinciones, y cada distincion es materia differente, y se diuide en capitulos, y los capitulos en paragraphos, y estos en versiculos. Y el modo de alegarlos es capitulo, quo Iure, distinctione 8. capit. legimus. distinctione 38. Esta palabra paragraphus es Griega, la qual se pone todas las vezes, que se passa a escriuir a otra cosa, que si bien diuersa, contiene la misma materia con lo passado. Algunos grammaticos quieren que sea lo mismo paragraphus, que paraphus. Y aunque San Isidoro refiere, que se auia de escriuir de esta suerte π el escriuirlo como tenemos de estilo assi §. fue de los poetas Griegos segun Alciato, y assi por la antigua costumbre hemos de seguir a Alciato lib. 3. dispunctio. cap. 16.

La segunda parte del Derecho se diuide por causas, y tiene 36. y las causas se subdiuiden en questiones: y las questiones en capitulos, y estos en paragraphos y versiculos. Por el numero puesto antes de la question se significa la causa, que es, y el numero puesto despues significa en quantas questiones se ha diuidido aquella causa, exemplo cap. cum Paulus 1. questione 1. cap. inter verba. 11. quæstione 3. cap. si quis suadente 17. quæ stione 4. En cada causa mueue Graciano muchas questiones alegando en cada vna Autoridades por entrambas partes, y dando su parecer al fin de cada question. Exemplo. En la primera causa trata de los simoniacos: la qual contiene siete questiones. Y en la primera pregunta, si comprar lo espiritual es pecado. Trae muchas autoridades por los capitulos della, y al fin resuelue, que si. Y desta suerte en todas las demas. La vltima parte del Decreto es vn tratado de penitencia, que lo diuide en siete distinciones, y estas en capitulos, y paragraphos. Y este tratado esta inserto despues de las 33. quæstione 3. y despues del, prosigue las questiones hasta la 36. que es la vltima. La forma de alegar es esta cap. homicidium de penitentia, ala distincion. y el numero para que se entienda ser la distincion desta materia; porque si se pusiesse simplemente, ley, distincion sin el tratado se entenderia, que era de las distinciones de la primera parte, y causaria confusion. Tiene tambien otro tratado de consecratione que se diuide en cinco distinciones: y estas en capitulos y paragraphos, y allegasse asi. *Cap. nocte sancta. de consecratione distinctione prima cap. in cœna de consecratione distinctione secunda.* Por la consideracion, que puse en la allegacion precedente: y toda la diuision del Decreto se sabra de memoria con aquestos quatro versos.

Decretum centum distinctiones dat & vnam,
Triginta causas, & sex adde tibi mixtas
Distinguit septem, pœnitentia consecrat quinque
Autorem quarum tibi declaro Gracianum

Este libro no es propriamente parte del Derecho Canonico, sino impropriamente, respecto de auer sido su autor Graciano, persona particular, que sin autoridad Apostolica con summo estudio y trabajo recogio los Canones, de que se compone: y assi espanta la facilidad, con que algunos toman a las leyes insertas en el Decreto canoni-

zadas,

zadas, como si Graciano que fue vn hombre particular tuuiera autoridad para ello, no teniendo ellas mas en el Decreto, que en los ff.

VI. RVDIMENTO.

LAS Decretales se diuiden en cinco libros: y cada libro en titulos, capitulos, y paragraphos. El primero libro tiene quarenta y tres titulos. De la forma de alegar en el, exponiendo primero el nombre con quien comiença el capitulo, y despues el titulo cap. Masana. de electione, ò diziendo, el capitulo per numeros como cap. 1. ò cap. 2. ò cap. finali de rescriptis. Las materias deste libro primero diuididas por sus titulos, se contienen en estos versos.

Primas suprema fides statuit, scribitque senescit,
Postulat electus, translatus autor & vsus,
Inde renuntio, supplco, temporibusque scrutor
Ordo resignatus ætas, vngitque sacramen,
Filius & seruus obnoxius, & vitiatus:
Hinc bigamus clerus peregrinus & Archileuita,
Archisacer primus sacri custos vicē fungens,
Delegans, legans, Iudex ex ordine dictus
Iudicis officium, maior pars pacta sequuntur,
Transigo, postulo, procuro, vel syndicus sto
Hinc metus integrat alienat metum dat.

El segundo libro es de los juyzios, su orden progresso y execucion, y tiene 30. titulos, y las materias se contienen en estos versos.

Iudicium forusque libellus mutua poscens
Litem contestans, sine quo non sufficit, testes,
Iuro delatis feris enordine noxio
Plus peto, de causa spoliatus, restituendus,
Est dolus, est missus, lis pendens, atque sequetur
Confessusque probo, testes quoque rogo
instruo præsumo, ius iurans excipiendo

 Præscribo,

Præscribo, sententio, prouoco, pergoque, firmo.

El libro tercero es de la vida, y honestidad de los Clerigos de sus bienes, y de las Iglesias, y tiene 50. titulos que se encierran en estos versos.

Diuus, honor, clerus, habitans, Clerus quoque Iustus
Non residens dignus, æger debilitatus,
Instituo concedendo non sede vacante,
Et sine consensu maior pars non minuatur
Ecclesiæ res atque precaria commode pono,
Vendo, loco, mutuo, feudum, pignusque cauendo,
Atque fideiussor, soluit, da peculiorum,
De testamentis etiam succedo sepultis
Parrochus, decimis, vult regula religiosis,
Coniux conuersus infidus vota redemit.
Inde status monachi, domus atque capela locorum,
Iure patronatus decentibus ora sacrata
Missaque Baptismus, quo non est presbyter vsus
Eucharistia, reliquiæ ieiunia pura
Ædes immunes seculi fuge clerice merces:

En el quarto libro se trata de los sponsales, y matrimonios, y cosas connexas, y dependientes dellos y tiene veynte y vn titulos, que se comprehenden en estos versos.

Sponsus, & impubes, clandestina sponsa duorum
Conditio, vouens, qui polluit atque leprosus,
Seruus denatis sequitur cognatio duplex.
Post consanguineam consanguinei, gelidique
Coniugium vetitum, sequitur, qui legitimi sunt
Accusare queunt diuortia dona secunda

El quinto y vltimo libro trata de la accusacion de los delictos, y sus penas, tiene 41. titulos que por todos son 185. Como se dixo en aquel versillo.

Bis septem demptis simul vno ferto ducentos

Y de los titulos deste vltimo libro estos versos.

Accusationes, calumnia simoniales,
Prælati Rabi Iudæus hæreticusque
Schismaticus, apostaticus, natos perimentes

infans

Infans expositus homicidia torneamenta.
Hinc clerus pugnans post hocque sagitat adulter.
Ecclesiæ raptor sequitur fur hinc & vsura.
Falsarius, sors, colendus, crimen puerorum,
Clerus venator percussor, maledictusque
Clerus depositus, qui non est ordo minister
Saltus furtiuus excessus, o pusque nouellum.
Lex priuata subit sequitur purgatio duplex,
Injuriæ pœnæ, quæ remissio, post anathema
Verborum signi sequitur post regula Iuris.

Y de todos los cinco libros delas Decretales ay cinco versos dignos de tener de memoria.

Pars prior officia creat, ecclesiæque ministros,
Altera dat testes, & cætera Iudiciorum.
Tertia de rebus, & vita presbyterorum.
Quarta docet quales sint ritus coniugiorum
Quintaque de vitijs & pœnis tractat eorum.

El modo de allegar los capitulos deste libro es este cap. damnamus. de summa Trinitate, & fide catholica, cap. diligenti. de foro competenti. Aduirtiendo, que de las palabras de los titulos se puede cortar la mitad de las syllabas para mas abreuiar las alegaciones. Exemplo cap. Damnamus de sum. Trin. & fide Cat. cap. Diligenti de for. compet.

Al tercero libro del Derecho Canonico llamamos libro Sexto, porque se añadio a los cinco de las Decretales. Diuidese en cinco libros, como las Decretales, y los libros en titulos, capitulos, y paragraphos. Y la forma de allegarlos es esta. Cap. vt animarum, de constitutionibus. lib. 6. Para que la allegacion se differencie de las Decretales.

El quarto y Vltimo libro de las Clementinas que se dize assi por su autor, que fue Clemente V. y se diuide tambien en cinco libros, conforme aquel verso.

Iudex, iudicium, clerus, sponsalia, crimen,

Los quales son de las materias que tratan. El modo dealegar las Clementinas es este, Clementina ad

 nostrum

nostrum de Hæreticis, o segun otros cap. ad nostrum de hæreticis in Clementinis. El vltimo son las Extrauagantes de Ioan 22. las quales se llamaron ansi por andar sueltas fuera del cuerpo del Derecho: Y si bien despues se incorporaron en el conseruaron el nombre primero.

VII. RVDIMENTO.

EL Derecho Ciuil tiene cinco partes, Digestum, Codex, Instituciones, liber Autenticorum, & feudorum, de cuyo origen ya se ha tratado. El Digesto contiene. 50. libros diuididos en tres volumines, *Digestũ vetus*, que tiene 24. libros *Infortiatum* 14. y *Digestum nouum*. 12.

Budeo in annotationibus ad l. 1. ff. de iustitia & iure.

Digestum segun Budeo significa vn libro, en el qual esta digirido lo mas substancial de los volumines de las leyes de los Romanos, desde Romulo hasta Iustiniano, en que vuo de intermedio mas de 1300. que estauan esparzidas en dos mil libros, vn millon de respuestas de Iurisconsultos: porque eran diez vezes cien mil paragraphos. Por otro nombre llamo Iustiniano a los Digestos *Pandectas*, que segun Budeo significa libros, de los quales como de vn cornucopia esta la abundancia de todas, y las materias, porque segun Aulo Gelio pandecta es vocablo Griego, que significa, *totum capio o totum continens, quasi omne genus doctrinæ complectens*, segun Aulo Gelio. Llamase Digesto viejo, porque fue el primero en orden que se acabo: corrio el mas antiguo como correlatiuo al digesto nueuo, dicho asi por ser el vltimo. Esforçado se dize segun Accursio, porque sus leyes son mas valientes, esto es, de mas difficil intelligencia, de donde salieron aquellos versos.

L. 2. §. cum omnia ff. de vet. iur. enucle.

Gelio lib. 13. cap. 9. in principio.

Sum liber fortis disponens prælia mortis
Et clausis portis, me discat lector in hortis;

Pero

Pero lo mas cierto es, dize Bartolo, Claudio, Ruyno, que eſtos fueron nombres magiſtrales que los compoſitores deſta obra puſieron a ſu beneplacito, o a caſo ſin diſcurſo de razon: para que diuididos los cincuenta libros en tres volumines mas facilmente ſe conocieſſen. Tieneſe tambien por cierto que eſtos nombres ſe puſieron en tiempo de Pileo, Azon, y Vulgaro tomando la denominacion de la primera rubrica del libro. Y como el Digeſto nueuo comiença por el titulo de noui operis nuntiatione, llamoſe Digeſto nueuo, preſupone, que hay viejo. El primero tomo que correſponde al nueuo es el vltimo y ſe llama Digeſto viejo: porque eſtos nombres no fueron pueſtos por los compiladores de los DD, porque ellos a todo el volumen de los cincuenta libros puſieron nombre de Digeſtos, o Pandectas. Y en las Pandectas Florentinas no ſe hallan tales nombres, como conſta de los libros de Alexandro, Duareno, y Gotifredo: los quales refieren Angelo Policiano, Antonio Auguſtino, y Alciato, y aſsi es infructuoſo el trabajo de Accurſio, y los demas interpretes, en dar razon de los dichos nombres, como apunta Alciato, y mas latamente Barboſa.

Accurſ. in princ. Infort. & ibi. Bart. nu. 2. Claudio num. 7. Ruyno 282.

Bart. in principio ff. noui.

Antonio Auguſt. lib. 1. emend. in principio.

Alciat. lib. 1. diſpunctio. in principio.

Alciato lib. 4. Parergon cap. 25.

Barboſa in Rubrica ff. ſoluto matrimonio ex num. 1.

Policiano lib. 10 Epiſtola 4. Antonio Auguſtino lib. 1. enmend. in principio Alciato lib 1. diſpunctio. in principio Alciato lib. 4. Parergon cap. 25. Barboſa in Rubrica ff. ſoluto matrimonio ex num. 1.

El ſegundo libro es el Codice, que contiene las yes de los Emperadores haſta Iuſtiniano. Antes del vuo tres Codices, vno Gregoriano, otro Hermogeniano y el vltimo de Theodoſio, y Iuſtiniano; los recopilo todos tres en eſte, que intitulo de ſu nombre por eſtar los otros defectuoſos, y repugnantes, tiene 12. libros. Los nueue primeros eſtan en vn volumen, que tocan al Derecho particular, y los otros en otro, que trata del Derecho publico.

El Tercero libro es el de los Authenticos: diuideſe en nueue collaciones, y cada collacion ſe ſubdiuide en titulos, en leyes. La inſtituta ſe diuide en quatro libros, es vna ſumma de todo el Derecho Ciuil, compueſta por orden de Iuſtiniano por Triboniano, Theophilo, y Doroteo.

El Vltimo es el libro de los feudos, que por otro nombre llaman las diez collaciones. Diuideſe en dos libros, y cada libro en titulos, capitulos, y paragrafos.

VIII. RVDIMENTO.

ES el modo de alegar, que es poniendo primero el principio de la ley, o el numero della, y deſpues el titulo. Exemplo. Lex ſi finita ff. de damno infecto. Las dos ff. ſignifican Digeſtis por cifra de los Emperadores Federicos, que puſieron en los ffff. la vltima mano de perfection, y dellos tomaron el eſtylo de eſcriuirſe con dos FF. por ſer la primera letra del nombre de entrambos. Aunque parece mas veriſimil la razon que da Alciato de ponerſe con dos ff. Diziendo, que como los compiladores del Derecho fueron Griegos de nacion, le puſieron nombre de pandectas, y eſta palabra la ſignificauan con ſolo eſte acento deſta letra Griega π. que es P. Latina. Los Latinos imitaron la miſma cifra, p ro los impreſſores ignorando ſer P Griega y la razon de ponerla entendiendo que eran dos ff. como caſi lo parecen, las cerraron, y puſieron dos ff. en lugar de pandectas: y de eſte error quedo la coſtumbre de eſcriuirlo aſsi.

Si la ley es larga ſe alega con el principio della el paragrapho ſignificado por eſta. §. que ſignifica diuiſion de eſcriptura. Exemplo. lex. nauis. §. cum autem. ff. ad leg. Rhodiam. Y no es neceſſario

cessario añadir en el Digesto viejo, ò nueuo, porque como todo es vn Digesto, aunque diuidido en tres cuerpos, por su grandeza no tiene los titulos duplicados, sino continuadas las materias: y assi no ay necessidad de declararlos,

El segundo libro es el Codice, el qual se significa por vna C. grande. Esta palabra significa propriamente *lignum*, tabla segun Marco Varron: porque los antiguos escriuian en tablas en lugar de papel, que agora se vsa: y el antiguo nombre de tablas conseruose despues de perdida la materia, en que antes se escriuia, conforme a la doctrina del Consulto Proculo; y assi se llamaron los testamentos *tabulæ*, con que se entendieron los titulos, *de bonorum possessione secundum tabulas*, y contra tabulas, y otros textos donde se dize que el heredero fue escrito en los Codices, que es enel testamento. De aqui se llaman Codicillos como testamento pequeño, lo que se añade al testamento ya hecho, como doctamente obserua Fornerio. El Codice como he dicho se diuide en dos cuerpos El modo de alegar las leyes del primero es este. *Lex sancimus C. de Sacrosanct. Ecclesijs*. Y las leyes de los tres vltimos libros se alegan poniẽdo al fin de la alegacion el numero del libro. Exemplo. *L.* 1. *C. de armorum vsu lib.* 10. Porque si se alega sin poner el numero del libro, se entiende de los nueue libros de la primera parte del C. Y assi para euitar esta confusion, y citar distinctamente se pone el numero del libro.

Marco Varron de re rustica. ca. 55. Proculo in l. insula. ff. de acquir. rerum domi. l. quod vulg ff. de contra tabul. §. fin instit. de testamentis. Fornerio lib. 2. selectarum. cap. 1.

Tambien se alegan en el C. authenticas, que son pedaços de authenticos, desmembrados dellos, è insertos entre las leyes del Codice, debaxo de sus materias, y citã ansi. Auth. genenrraliter. C. de Episcopis, & Clericis, estando siempre el titulo donde està situada.

El tercercero libro es de los authenticos, el qual se diuide en nueue collaciones, y cada collacion en titulos; pero los titulos no se diuiden en leyes, sino en §§. Y la forma de allegar es esta auth. de lenonibus. §. sancimus, collatatione. 3. que es lo mismo que libro 3,

El quarto es el libro de los Feudos, el qual se diuide en dos partes, y cada parte en titulos, y capitulos y §. §. y se allega assi. c. 1. §. lege edictali, de prohibita feudi alienatione, per Federicum in vsibus Feudorum. O en lugar destas vltimas palabras collatione 10. El titulo es de prohibita feudi alienatione, per Federicum, que se pone a differencia de otro titulo, que ay semejante a este de prohibita feudi alienatione per Lotharium, y assi para que no se confundan estos titulos se ha de expressar su author. Ponese collatione. 10. porque este libro es cõsecutiuo a los nueue de los Authenticos, que se llaman collaciones: y es esta la 10. collacion.

El vltimo libro es la Instituta: la qual se diuide en quatro libros, y estos en titulos, y §. §. y se cita assi. §. hæreditas. Instituta, de hæredibus instituendis.

IX. RVDIMENTO.

LAs cifras, ò abreuiaturas, que vsan los Derechos, sus glossas, y Doctores, son muchas, y su intelligencia de mucho prouecho: porque sin ella difficultosamente las entenderan.

Las abreuiaturas de los titulos son faciles de entender: porque de cada palabra dellos se quita la mitad de las syllabas, y sabiendo los titulos de memoria se entienden facilmente, y lo mismo es en los nombres de los Doctores, para euitar la prolixidad de referirlos enteros. Exemplo. cap. Oduardus, de solut.

L. nemo. C. de epis. aud. Abb. Card. Bart. Bald. qualquiera letra del a.b.c. que fuere grande y estuuiere sola en el texto, ò glossa, significa nombre proprio de persona, en texto. Exemplo.

A. Augustus.
A. A. Augusti.
A. C. Augustus Cæsar
A. A. C. C. Augusti Cæsares.

Y estando en la glossa. Exemplo.

A. Ar-

A. Arnaldus.
B. Bernardus.
Pero si estuuiere fuera de texto, si es l. significa lex. c. pequeña capitulo. C grande significa Codex; si dentro del texto, ay C. grande significa en las Decretales Celestinus.

Abreuiaturas del Derecho Canonico.

Di. dis. o d. significa distinction.
quæst. o q. significa question.
C. grande Celestinus. c. pequeña capitulo.
appe. re. appellatione remota.
Ap. se. le. Apostolicæ sedis legatus.
ape. obs. re. appellationis obstaculo remota.
ad no. præ. ad nostram præsentiam.
Bo. me. Bonæ memoriæ.
ci. ciuis.
Cle. o C. Clementina.
consti. constitutio.
cen. Eccle. censura Ecclesiastica.
con. t. t. r. consultationi tuæ taliter respondeo.
d. d. dis. distinctione.
dil. fil. dilectus filius.
Dama. Damasus.
dis. discretioni vestræ.
e. pequeña, eodem vel, eadem.
Eccle. Rom. Ecclesia Romana.
Extra. Extrauagans.
fa. facit.
fi. re. præ. n. filius recordationis prædecessoris nostri.
f. t. fraternitatis tuæ.
fi. finali, o fine.
f. tt. r. fraternitati tuæ taliter respondemus.
Fre. Fredericus.
Gra. Gracianus.

I. Infrà.
i. pequeña con numero, de vno.
Io. Mo. Ioannes Monachus glossator.
Io. And. Ioannes Andreas glossator.
Io.o. Ioannes glossador de las Decretales.
Inno. Innocentius Papa.
Lau. Laurentius glossator Decretalium.
lib. liber.
M.ò Mar. Martinus glossator.
M. Mandamus.
M. Q. Mandamus, quatenus.
M. ca. præ. Monitione canonica præmissa.
No. & Ve. Test. Noui & Veteris testamenti.
no. nota.
nota. notatur.
Nouel. nouella.
o. o op. opinio.
ob. obstaculo.
pe. penultimo o penitentia.
præal. præallegatus.
prin. principio.
per to. per totum.
pri. primero.
prætex. prætextu.
P. vel Pla. Placentinus glossator.
præ. di. præfulgeat dignitate.
præ. præterea.
Pa. Papa.
Pom. Pomponius Imperator.
q. en el Derecho, quæstione.
q. en las Decretales, quatenus.
Ray. Raymundus.
re. remota.
re, o respon. responsum.
re. requirere, vel remittere.
se. Apo. sedes Apostolica.
so. solutio.

sa. ap.

sa. ap. Con. sacro approbante Concilio.
se. vel seq. sequenti.
sequens. sequentibus.
s. grande, scilicet, s. pequeña, supra.
sub. ape. obst. sublato appellationis obstaculo.
sac. aut. Con. sacra authoritate Concilij.
t. o tit. titulo, vel taliter.
Vin. Vincentius.
Vb. Vberto.
v. numero de 5.
ver. versa.
x. decima.
xx. vigesima.

Abreuiaturas del Derecho Ciuil.

A. Augustus.
AA. Augusti.
A. C. Augustus & Cæsar.
AA. & CC. Augusti & Cæsares.
c. accepta.
C. Cæsar.
C. Clarissimus.
CC. Cæsares.
CC. Clarissimi.
CC. cc. Clarissimis Consulibus.
Cæs. Cæsar.
Cæss. Cæsaribus,
ciuitat. ciuitatis.
Cl. Cæs. Clarissimus Cæsar.
Com. Comes.
Com. R. P. vel, rer. priu. Comes rerum priuatorum.
Conc. s. l. vel sacr. larg. Comes sacrarum largitionum.
Con. Consule.
Cons. Consul, conss. consulibus.
Cons. consularis.

const.

const. constitutio.
Constant. Constantinopolitano.
Correct. Correctori.
d. data, o dicta.
dat data.
d. s. data subscripta.
d. pp. data proposita.
D. n. Domino, o Domino nostro.
dix. dixerunt.
emis. emissa.
Fl. Flauius.
g gesta.
Gen. PP. Genidio Præfecto Prætorio.
id. idus, o idibus.
Imp. Imperator.
Impp. Imperatores.
Info. Tra. in foro Traiani.
iv. numero. 4.
kal. kalendas, ò kalendis.
l. Iul. legem Iuliam.
lect. lecta. apud acta.
Mag. Magistro.
Mag. mil. Magistro militum.
Mag. off. Magistro officiorum.
N. Nobilissimo.
N. Cæs. Nobilissimo Cæsare.
N. N. Cæs. Nobilissimis Cæsaribus.
non. nonas, vel nonis.
N. P. vel Nob. P. Nobile, o Nobilissimo puero.
off. officiorum.
quæ. quæstori.
r. p. rerum priuatarum.
r. p. orient. rerum priuatarum orientis.
P. Pr. Præsidi.
præ. vel prou. præsidi prouinciæ.
PP. proposita, o patri patriæ, o Præfecto Prætorio.
PF. Præfecto.

pp. g. proposita gesta.
PV. Præfecto Vrbi.
P. Vig. Præfecto Vigilum.
PV. R. Præfecto Romæ.
P. vel P. F. Aug. Præfecto Augustali.
pp. emis. proposita emissa.
PP. Gal. Præfecto Prætorio Galianorum.
pet. petita. Pleb. Plebis.
Præ. anno. Præfecto Annonæ.
Præt. Prætoribus.
Pr. vel prid. pridie.
prop. vel propos. proposita.
Procons. Proconsuli.
Proconss. Proconsules.
publ. iud. Publicis iudicijs.
S. salutem. vel scripta.
S.l. sacrarum largitionum, vel sacrarum literarum.
s.p. supposita.
sp. subscripta supposita vel petita.
s. pet. subscripta petita.
t. vel tit. titulo.
trib. pl. tribunus plebis. V. viro.
V. C. viro Clarissimo.
VV. CC. Viris Clarissimis.
Vic. vel Vicar. Vicario.

Abreuiaturas delas Glossas y Doctores.

A. Adde. DD. Doctores.
dd. addit. d. dictum.
arg. argumento. decis. decisione.
autz. autem. Dñs. Dominus.
cã. causa. doĩum, dominium.
cc. circa. em̃. enim.
ↄa. contra. eẽ. esse.
ↄ. con.
cons. consilio. ex. extra.

coĩs. communis.
coĩtr. communiter, et3. etiam
det. debet. fin. fine, ò finali.
dẽat. debeat. gla. glossa.
hẽt. habet. sig siguiente.
hãt. habeat. sđum. secundum.
hi. hic. tñ. tamen.
1. numero 1. tm̃. tantum.
intr. inter. tt. titulo.
in p̃. in principio tttu. tractatu.
ĩb. ibi. tx. textus.
I.C. Iurisconsultus, vol. volumine.
inst. instituta. v. verbo
l. ley, vers. versiculo.
lect. lectura.
matrĩum. matrimonium, v. vel.
not. nota. vlt. vltima,
n. non, xa. iuxta.
n. numero,
nr̃a. nostra,
pag. pagina.
Part. Partita.
p. parte.
ꝓ pro,
p̃. præ.
ꝑ. per,
põt. potest,
q. qui,
qr̃. quia,
q̃a. quia,
ꝙ. quod,
qm̃. quoniam.
qq̃. quibus,
qñ. quando.
R. Rubrica,
rõ. ratio,
sđ. sed,

sent.

ſent. ſententia.
ſup. ſuper.
ſup. ſuprà.
SSS. Sacroſanctis.

X. RVDIMENTO.

QValquier ſciencia tiene por reglas, y terminos preciſos deſcender del conocimiento de los preceptos vniuerſales, al de los particulares, dize Ariſtoteles; y tambien lo conſideraron los Iuriſconſultos. Y aſsi las diffiniciones de todas las coſas conſtan primero de genero, y deſpues de differentia. Y con eſte exemplo ſera mas claro: Salgo al câmpo: veo de lexos vn vulto, por ſu mouimiento percibo, que es animal: acerco me vn poco mas, veo que es hombre; y llegandome mas cerca conozco que es Pedro, ò Ioan. No de otra manera ſon las ſciencias. El primer conocimiento dellas ha de ſer por preceptos generales, deſcendiendo dellos a los ſpeciales: que de otra ſuerte no ſe pueden ſaber. Porque como puede ſer buen Aritmetico el que ignora que el todo es mayor que la parte? Como buen Rhetorico el que no ſupiere, que ſon tres los generos de la oracion, deliberatiuo, demonſtratiuo, y judicial? Y como Geometra, y Geografo, el que no alcançare, que el centro diſta igualmente de qualquier parte de ſu circunferencia? Y como buen Phyſico el, que no entiende, que de nada ſe haze nada? Y como buen Medico, el que no ſabe, que los contrarios ſe curan con ſus contrarios? Y como buen Aſtrologo, el que no percibe, que los cuerpos ſuperiores gouiernan los inferiores? Y como buen Theologo, el que diſputare de la creacion del mundo ignorando la Fè, que es el fundamento

mento de la Theologia? Y como buen Iurista, el que dudare, que la justicia es arte de bondad y equidad? Y como podra serlo no sabiendo las reglas generales, que son estas.

L. nam absurdum. ff. de bonis libertorum.	Absurdum intellectum ab omni dispositione reijciendum.
l. 1. §. 1. ff. quod vi aut clam.	Ab omni vi atq; iniuria penitus abstinendum,
l. cum creditor. ff. de furtis.	Actum dubium in meliorem partẽ accipiendum.
l. si quis in graui. ff. ad Syllania.	Ad impossibile, neminem obligari.
l. de pupillo. §. si plurium. ff. de oper. noui.	Alterius factum alteri non obesse.
l. si quis in suo. §. legis C. de inoffic. testamento.	Alieno odio neminem prægrauari.
l. quia non debet. ff. de iure iurando.	Alijs non nocere quod inter alios actum est,
Cap. dixit. 14. quæst. 5.	Arte non concedi quod naturaliter denegatur,
l. vnica. C. ne quis in sua causa.	Authoritatem maiorum etiam in illicitis excusare.
l. si iudex in fin. ff. de minorum.	Authoritate propria neminem ius sibi dicere posse.
l. cum hæresibus seruire. ff. de statu lib.	Beneficiũ propter aliquẽ cõcessum in eundem minimè retorquẽdum.
l. fin in fin. ff. de his, qui â latron.	Bonam voluntatem plerumque pro facto reputari.
l. cogi §. idem quærit. ff. ad Trebellian.	Cauendum, ne respectu nocentis innocens patiatur.
l. pacta quæ contra C. de pactis.	Certa pro incertis relinquenda non esse.
l. post mortem. ff. de adoptionibus.	Contra ius, aut bonos mores conuentiones non valere.
l. nec omnis. ff. de emancipat, li-	Contra proprium factum minimè permitti.

Cum

Cũ alterius detrimento nemini conſulendum.	*berorum.*
Cum alterius iactura neminem locu pletare debere.	*l. nam hoc natura. ff. de cond. indeb.*
Receptis non recipientibus ſubueniendum.	*l. & primo. §. verba. ff. ad Velleian.*
Dolis ac fraudibus modis omnibus occurrendum.	*l. 1. ff. de dolo.*
Diſcordiarum occaſiones penitus remouendas	*l. equiſsimum. ff. de vſufructu.*
De minimis conſiderationem nõ habendam eadem.	*l. ſcio. ff. de in integr. reſtitutio.*
Vel ſimili ratione ſuadẽte idem ius ſtatuendum.	*l. 1. illud ff. ad l. Aquiliam.*
Effectus in conſequentiam producentes non attendi.	*l. 1. ff. de auth. tuto.*
Errantes & ignorantes cõſentire non videri,	*l. ſi peer rorem. ff. de iur. om. iu*
AEquitatem errori præferendam.	*l. placuit. C. de iudic.*
Ex cauſa non vnquam à communibus regulis recedendum	*l. ita vulneratus. ff. ad leg. Aquiliam.*
Excuſationem non faciendam, iuris ordine prætermiſſo.	*l. 1. C. de excuſatione rei iud.*
Factum procuratum non prodeſſe,	*l. ſi ſeruus. §. 1. ff. de leg. 1.*
Facilius tolli ius ſpeciale, quam commune.	*l. eius. §. 1. ff. de milit. teſtamento.*
Facilius amitti ius quęrẽdum, quam quæſitum.	*l. fin. C. de acquirenda poſſeſsione.*
Facilius dari exceptionum, quam actionem.	*l. 1. §. cui damus. ff. de ſupercil.*
Facilius remitti ſperata, quam poſſeſſa.	*l. cum hff i.. de tranſact.*
Fidem violanti fidem non ſeruandam.	*l. cum proponas. C. de tranſact.*
Finalem cauſam diligenter inſpi-	*l. verum ff. de furt.* 39

ciendam.

l. in toto ff. de re iud. — Generalibus semper specialia derogare.

l. Metrodorum ff. de pœnis. — Grauius in committendo, quam in omittendo delinqui.

l. isti quidem. ff. quod met. cau. — Honorem lucro, imò vitæ præferendum.

l. quod ex libera C. de oper. liberto. — Honestatis ius ab omni debito excipiendum.

l. 1. ff. de solutio. — In alienis rebus gerendis bonam fidem desiderari.

l. fin. ff. pro suo. — In alieno facto ignorantiam facile tolerari.

l. non aliter. ff. de leg. 3. — In dubio à verborum proprietate nõ recedendum.

l. legata inutiliter. ff. de adim. legat. — Inducta ad vnum finem contrarium effectum non operari.

c. iurabit. cap. non solum. 23 quæstio. 3. — In malis quod minimum est eligendum.

l. vt gradatim. §. 1. ff. de mune. & hono. — In necessitatibus leges non seruari.

l. in obscuris. ff. de reg. iuris. — In obscuris secundum magis verosimilia iudicandum.

l. fin. §. licentia. C. de iur. deliber. — In pari causa damno magis, quam lucro consulendum.

l. proxime. ff. de his quæ in testamento delentur. — In re dubia benigniorem semper fieri interpretationem

l. eum qui ff. de iure iurando. — In vno grauatum in alio releuandum.

l. 2. ff. de his, qui sunt sui vel alien. — Iusta petenti facile assentiendum.

l. quando ver. contra. ff. de legibus. — Ius speciale in consequentiam non trahendum.

l. 2. C. comm. de leg. — Leges non verbis, sed rebus impositas esse.

l. scire leges. ff. de leg. — Leges non ex verbis, sed ex mente intelligendas.

Leges

Leges ignorare nemini permiſſum.	*l. ſcire leges. C. de legibus.*
Legibus non exemplis iudicandum	*l. nemo. C. de ſententijs.*
Legitime facto pœnam non deberi,	*l. Gracus. C. de adulterijs*
Legis Imperio voluntatem non factum coerceri.	*l. 1. C. ad legem Corneliam de ſica.*
Liciti prætextu illicitum non permitti.	*l. 2. C. de extraordin. crim.*
Licitum coarctari, vt illicitum euitetur.	*l. tutor. §. 1. ff. de ſuſp. tuto.*
Maiorum præcepta iuſta vel iniuſta non contemnenda	*l. 1. ff. de noui. op. nun.*
Maioribus periculis diligentius occurrendum.	*l. 1. §. ſed ſi quis. ff. de carb. edicto.*
Maleficijs minime indulgendum.	*l. in fund. ff. de rei vend.*
Mediam viam in perplexitatibus elegendam	*l. ſi pater famil. ff. de hæredi. inſtit.*
Multa ex poſt facto tolerari, quæ ab initio prohibentur.	*l. patre ff. de his, qui ſunt ſui.*
Multa in conſequentiam permitti quæ principaliter denegantur	*l. 1. ff. de auto. tuto.*
Neminem ex ſuo dolo, ſeu calliditate releuari	*l. rerum. §. tempus. ff. pro ſocio.*
Nemini iniuriam facere, qui iure ſuo vtitur,	*l. Proculus. ff. de dam. infecto.*
Nemini caſum, ſed culpam imputari	*l. ſi ex plagis. §. final. ff. ad l. Aquil.*
Non factum, ſed faciendi cauſam inſpiendam.	*l. verum. ff. de furtis.*
Non cupiditatibus, ſed iuſtis affectionibus indulgendum	*l. illud. ff. de manet. vide.*
Non negligentibus, ſed impotentibus ſuccurrendum.	*l. non enim ff. ex quibus cau. maio.*
Nobiliores præſumptiones ſemper	*l. merito ff. pro ſocio.* 52

	in dubijs eligendas.
l. 2. ff. de his, qui sunt sui.	Nullum violentum perpetuo tolerandum.
l. cum quidam. ff. de liberis & posthum.	Odia restringi, fauores ampliari debere.
l. 1. C. ad leg. Corneliam de sicar.	Omnem actum, actum ab agentis intentione iudicandum.
l. cum fisco. ff. ad Syllania.	Omne commodum cum suo onere pertransire.
l. viro ~~in fine~~. ff. soluto matrimonio.	Paria delicta mutuo compensari.
l. 1. C. de dotis promissione	Plura specialia ad idem minimè cumulanda.
l. in summa. §. item Varus. ff. de aqua plu.	Prodesse alteri neminem cogi, sed obesse vetari.
Authentica res quæ. C. commun. de leg.	Publicam vtilitatem, priuato commodo præferendam.
l. sicut. C. de actio. & oblig.	Quæ ab initio sunt volũtatis ex post facto sunt necessitatis.
l. 2. §. 1. ff de aqua plu.	Quod nemini nocet, & alicui prodest, facile concedendum.
l. in arenam. C. de in officio testamento.	Quod quis in se approbat, in alio reprobare non posse.
l. 1. ff. quod quisque iuris.	Quod quisq; iuris in alium statuerit, ipsum quoq; idem vti debere.
l. cum ratio. de bonis damna.	Rationes naturales pro legibus amplectendas.
l. promittendum. ff. de iure dotium.	Res magis intuendas quam verba.
l. sancimus. C. de pœnis.	Sine culpa pœnam non infligi.
l. inter. §. sacram. ff. de verbo-rum.	Tristes euentus non facile considerandos.
l. 1. C. de furtis.	Turpia, vel contraria allegantes merito repelli.
l. d.nus. ff. de in integrum resti-tutione	Vbicumque æquitas suadet subueniendum.

Volenti

Volenti nequeque vim neque iniuriam fieri. *l cum donationis C. de tranſact.*
Voluntate ſublata omnem actum parem eſſe. *l. fedisſimam. C. de adulte.*
Vltima prioribus derogare. *l. pacta nouisſima. C. de pactis.*

Con eſtas reglas generales ſe han de cultiuar los ingenios, que ſon las que hazen letrados, y no con nueuas y cauiloſas opiniones de Doctores: porque las reglas mientras mas vniuerſales, ſon mas vtiles; y mientras mas ſingulares menos vtiles: que el verdadero ſaber es deſcendiendo del genero generaliſsimo haſta lo mas ſingular, y ſaber mil caſos ſingulares, no es ſaber mas de vno, dize Saliceto, y le podra ſucceder lo que Galeno cuenta de vn Medico, que no ſabia la medicina por arte, ſino por remedios particulares, que perdido el libro en que eſtauan eſcriptos, perdio tambien la ſciencia, y la vida de peſadumbre. *In repetit. quod te mihi. ff: ſi certum petatur.*

XI. RVDIMENTO.

Los primeros libros, con que ſe da principio a la Iuriſprudēcia ſon los dos Derechos Canonico, y Ciuil. Y aun Parladorio aconſeja, que las Partidas tambien, que ſon el derecho commun de Caſtilla, y vn Vocabulario vtriuſque iuris, para no ignorar la ſignificacion de las palabras juridicas, y antes que entre por las eſcuelas ſe aura informado de las Leyes, o Canones, que ſe leen, y en ſu apoſento los leera muy de eſpacio, vna dos, y tres vezes, haſta entenderlos y ponerle el caſo: y ſi por ſi no lo entendiere, lo vera por la Gloſſa. En ella vera los Textos concordantes, o contrarios para opponer dellos al Maeſtro. Eſto ſe ha de hazer por mayor antes de la licion: pero deſpues della muy por menor, leyendo muchas vezes el Texto, haſta entenderle, y figurando el caſo, como lo haze la Gloſſa. Y viendo ſi la concluſion que sacò el Maeſtro es ajuſtada a la ſubſtancia del Texto, y ſi los textos concordantes ſe induzen bien en ſu confirmacion, si los argumentos se oponen bien a la conclusion, si los prueuan los textos, en que se fundan, poniendoles el caso, y haziendo contraposicion della a la conclusion, para ver la similitud ò dissimilitud, que tiene con ella; que esto se llama induction. Y de esta suerte se han de estudiar todas las demas liciones, no escriuiendo mas de las que pudiere estudiar, porque sera perder el tiempo, y el trabajo. Escriuiendo Parladorio documentos a sus hijos, refirio a este proposito las palabras de Quintiliano. *Bene scribendo fit, vt velociter scribamus; velociter autem scribendo uon fit, vt bene.*

Estudiando mucho se sabra bien; pero no sabra bien escriuiendo mucho; y en qualquier ley, o canon se han de considerar ocho cosas, que contienen estos versos.

Præmitto, scindo, summo, casumque figuro
Perlego, do causas, connoto, & obijcio.

las quales declarare cada vna de por si.

PRAEMITTO.

Para mas clara intelligencia del texto se ha de premitir algo, distinguiendo las materias similes, & connexas, declarando los terminos y vocablos equiuocos, porque las prefaciones como dize Cayo, conuidan a la lection, y prestan claridad a la materia.

L. 1. ff de orig. iu.

SCINDO.

In proœm. instit. §. igitur, verbo. partiri.

La diuision dize Accursio, incita el animo del lector, preparalo, y reforma la memoria. La ley se ha de diuidir por partes, quando recibe diuision; porque no se han de diuidir las cosas que tienen coherencia, y miran a vn fin; como seria diuidir el dicho de su causa, ò la respuesta de la question propuesta: los quales son indiuiduos por su razon, y su fin: pero aquello tiene commoda diuision, que

tiene

tiene diuersa razon, y fin. Como quando ay en vna ley variedad de sentencias, o diuersas especies de hecho: como en las leyes de Vlpiano, que entre los demas Consultos tuuo esta excellencia, determinando varios casos, en qualquiera ley, por breue que sea.

SVMMO.

Porque la breuedad deleyta mas, que los largos compendios, y mas a los modernos, se ha de reduzir el texto a vna conclusion o summario, con que mas facilmente se deprende, y retiene mas en la memoria.

CASVS.

Porque de la breuedad de la ley o Canon no resulte obscuridad, y cõfusiõ cõforme al verso de Horacio.

Breuis esse laboro,
Obscurus fio,

Y assi se ha de fingir vn caso a la ley, en la forma, que lo pone Bibiano.

In arte poëtica in l. vt responsum C. de transa l. precibus C. de impuber.

PERLEGO.

Esta palabra significa leer el texto, vna y muchas vezes como tengo dicho.

DO CAVSAS.

Hase de buscar la duda que huuo para hazer la ley ò Canon, porque ninguna se establece sin ella, e inquirir tambien la razon de la decision: porque no puede estar sin ella, que es la que llamamos razon de decidir.

CONNOTO.

No se ha de contentar el estudiante con saber las palabras de la ley, y el hecho della, sino el alma infiriendo de su razon, y doctrina reglas para mil casos semejantes por hecho o por razon.

 OBIICIO.

OBIICIO.

LO vltimo es poner las leyes contrarias; las quales se hallaran en las glossas, Bartolo, y los ordinarios.

XII. RVDIMENTO.

LA Memoria es thesoro de la sabiduria: porque tanto se sabe quanto se tiene de memoria. Y assi el estudiante ha de hazer cada noche memoria de los textos, y doctrinas, que huuiere visto aquel dia, tomando tambien cada sabado residencia a la memoria de lo estudiado en aquella semana. Este exercicio deprendio Caton de Pythagoras; y Seneca haziendo lo mismo alcanço tan gran memoria, que referia dos mil nombres por la orden que los oîa. y duzientos versos comen çando por el vltimo, que oyò, y acabando en el primero. Y no parezca laborioso este exercicio: porque la costumbre le haze facil: y si al principio fuere infiel la memoria no se ha de desconfiar della, sino fatigalla con trabajo; el qual la multiplicara cada dia. De donde salio el adagio.

Memoria excolendo augetur.

Hase de huyr de los que dizen, basta estudiar, aunque se oluide, pues de que seruira el trabajo, y desuelo, si del no se ha de coger fructo. Tambien ayuda a la memoria la cõferencia de letras, con los condiscipulos: porque mas tenazmente se afferra en ella, lo que se macea con los argumentos, y replicas. Por lo qual dixo Ciceron.

Sine arte & sine exercitatione nulla ars percipi potest.

Y esto sera con mayor ventaja si de los textos, que se estudian tuuieren publicas conclusiones: porque es vna lucha donde se esfuerçan los neruios del ingenio, y se auiua y augmenta mas parte con vanagloria de ser alabados, por ambicion de ser estimados, que entrambos vicios en este caso se conuierten en virtudes, adelgazan el ingenio, esfuerçan la memoria, y hazen mas expedita la

lengua

lengua, y cobran audacia para hablar en publico, cosa tan difficultosa para los mas eruditos, y eloquentes.

XIII. RVDIMENTO.

LAS leyes, y Canones se alegan con variedad: vnas vezes simplemente, quando ley o Canon es caso expresso, y determinacion indiuidual del hecho, para que se alega, y esta es la mayor comprobacion, y semejante ley es principio de Derecho deste caso; O se allega por sentido contrario, que es poco inferior prouança, como dixo el Consulto Cayo, que mandando vn señor a su esclauo libertad, despues de pagadas sus deudas, no es visto darsela en caso que no aya de que pagarlas, faltando ley: pero por la razon della se puede determinar el caso. Este se llama tambien principio de Derecho: y entonces semejante ley, o Canon se alega por argumento, que es quando la ley no prueua expressamente el hecho: pero se puede induzir y adaptar a q̃ la prueue por vno de los casos, en que vale el argumento en Derecho: pues la virtud de la ley no solo comprehende lo que prueua expressamente por inductiõ o aplicaciõ, de la qual vsa muchas vezes Accursio en la glossa de muchas leyes, donde dize. *Argumento legis, o facit lex, o ad hoc inducitur lex*. Pero si faltare ley o razon de ley, y huuiere ley, que determine caso semejante se ha de determinar por el, y sera tambien principio de derecho. Exemplo tenemos del Iurisconsulto Modestino, donde dize: *Quam constitutionem rectè adaptaueris omnibus similibus capitulis*. Y la misma doctrina fue del Consulto Arriano, y otros. Y arguyese en Derecho en tres maneras, o por ley, o por razon, o por exemplo. Por ley, quando la hay que expressa, o virtualmente determine el caso, como esta dicho. Por razon se arguye, quando falta ley: pero ay razon natural, que lo dicta. *Natura quoque nos docet*, dixo Calistrato, y el Iurisconsulto Paulo dixo, que la razon natural era como vna tacita ley: porque

la razon

In l. si quis locuples in fi. ff. de manu. testam.

In l. non solum §. qui primi pilũ ff. de excu. tuto. & ibi Bald.

In l. non possunt omnes ff. de leg.

In l. non omnes §. à barbaris ff. de re mi.

L. cum quidam C. de admi. tuto.

Ca. Apostolicæ de Iudicijs lib. 6.

Ca pro humani. de homi. lib. 6.

Cap. nouit & ibi DD. de Iud.

In l. librorum §. fin. ff. de verborũ significatione.

In l. cum ratio ff de portio. quæ liber. dam. conced.

In cap. quæst. 1. quæst. 2. & ibi Ar*chidiacono.*

La razon es el anima de la ley, y assi el que arguye con razon, no arguye sin ley.

Con exemplos se arguye tambien por autoridad, no solo delos hechos de los Sanctos y Christianos, pero de los Gentiles y Paganos, como argumenta Sant Gregorio; y defiende esta doctrina Archridiacono: y todo el fin de argumentos se reduze a vno de tres, que dire enel Rudimento siguiente.

XIIII. RVDIMENTO.

ARguere es lo mismo, que mostrar segun el verso de Virgilio.

Degeneres animos timor arguit.

In l. siquis in conscribendo C. de epist. & Cleri.

In l. omnes §. Lucius ff. quæ in frau. cred.

In l. obligationum fere § placet ff. de actionibus & obliga.

Y assi el argumento es vna demonstracion de la cosa dudosa, hecha por razones, y es en quatro maneras; dos perfectas, syllogismos, y induction, y dos imperfectas enthimema, y exemplo. Sylogismo es diction Griega, que quiere dezir razonamiento, y se forma de tres proposiciones, mayor, menor, y consequencia. Exemplo. Todo animal es sensible: Pedro es animal: luego Pedro es sensible. Esta es la mas perfecta forma de arguir, y della tenemos exemplo en la authentica ingressi, y alli Baldo C. de sacrosanctis Ecclesijs

La segunda es enthimema, syllogismo imperfecto, segun los Dialecticos, porque se compone de dos proposiciones, y de la conclusion general se infiere luego a lo particular. Exemplo. Todo animal corre: Luego todo hombre corre. La imperfection deste sylogismo consiste en omitir en el la menor proposicion, que auia de seguirse despues de la mayor, como era dezir: Todo hombre es animal, con que era perfectissimo: y del vsan algunas vezes Iustiniano, y Vlpiano.

La tercera es la Induction, modo de argumentar proximo a lo natural: porque de muchos particulares casos colige vna regla vniuersal, Exemplo: Pedro corre, Ioan corre, y todos los demas, luego todo hombre corre. Deste argu-

ſte argumento vſa Paulo y de aqui ſalio el argumento valido por derecho *a ſufficienti partium enumeratione.*

El vltimo es el Exemplo, en el qual de vn caſo particular ſe infiere otro particular, por alguna ſimilitud, que ay entre entrambos: del qual vſan ordinariamente los Iuriſconſultos.

Y dos modos ay de conuençer a vno, o por retorſion quando por ſu miſma razon le conuence, otro preguntando. Y conuenciendole por ſu miſma reſpueſta los argumentos ſe diſſueluen conſideradas las palabras deſtos verſos, diſtinguiendo los caſos por ellas.

Cauſa, locus, tempus, perſona, rigor, nouitas
Antiquum, bon tas, veto, conſulo, præcipioque,
His ſi iungatur permiſsio, Ius variatur

Otro modo dan los Doctores, diziendo, que por vno de tres caminos ſe pueden diſſoluer todos los argumentos, conuiene a ſaber por eſtas dictiones, *Aliter hic, & aliter ibi, aliud hic, & aliud ibi, ſecundum quod hic, ibi ſimpliciter,* o por el contrario, como mas quadrare, dando la razon de differencia.

In l. non poſſunt. L. nam adea. L. do quæſtionibus ff. de leg. C. in omni negocio, vbi notat, DD. de teſti. DD. in proœmio. ff. Odofredus in l. vnica C. de nouo C. compo.

XV. RVDIMENTO

LA ley ſe eſtablece ſobre hecho dudoſo, porque en los caſos claros no es neceſſaria: y la duda ha de ſer formada con razon, o color de ella. Porque ſi vno fueſſe tan necio, que preguntaſſe, ſi era licito delinquir, ſe le podia reſponder, lo que Celſo a Domicio Labeon, o no te entiendo, o es muy necia tu pregunta. El principal eſtudio del Iuriſta ha de ſer, inquirir la razon de dudar, en q̃ ſe fundo el legislador: porque ſin ella dize Baldo, no ſolamente no ſe pueden entender los Derechos, pero los que tuuieren varios entendimientos, aquel preualecera que tuuiere, y quitare mayor razon de dudar, ſegun Abbad, y Decio. Para mas claridad pondre vn exẽplo. Dize Papiniano en la ley, cum auus. ff. de conditio. & demõſtrationibus, *Cum auus filium ac nepotem ex altero.*

L. Domicius ff. de teſtam.

Abbad in cap. cum in iure peritus not. 1. de electione. Decius in l. quoties idem ſermo, in fi ff. de reg iuris.

altero filio hæredes instituisset à nepote petit, vt si intra annum 30. moreretur, hæreditatem patruo suo restitueret: nepos liberis relictis intra ætatem supra scriptam vita decessit. fidei commissi conditionem coniectura pietatis, respōdi defecisse, quod minus scriptum, quam dictum fuerat, inueniretur.

L. vnica §. si autem aliquid C. de caducis tol.

La duda que dio occasion a esta ley, fue, que el tio opponia a los hijos de su sobrino, que todo lo que se manda debaxo de condicion se deue cumplida la condicion; pues el sobrino fue heredero con condicion, que muriendo dentro de doze años restituyesse la herencia a su tio, y assi parecia, que muriendo el tio dentro de los 30. años tuuo obligacion a restituyr la herencia a su tio. La razon de decidir dire en el Rudimento siguiente.

XVI. RVDIMENTO.

LA sciencia, que es el conocimiento de la verdad, es la perfection del entendimiento del hombre, el qual se perficiona mas mientras sabe mas: por esto dessea saber el hombre para ser mas perfecto. Y como qualquiera sciencia mire al conocimiento de la verdad, para alcançarla es necessario inuestigar las razones, y causas: porque entonces dize el Philosopho sabemos, quando conocemos las causas, y principios de lo que tratamos: porque qualquier sciencia dize Aristoteles tiene dos inspectiones, *Quid &, quia est.* El primero pertenece al conocimiento de lo causado y el vltimo a la causa. De donde vino a dezir aquel Homero Latino.

Arist. 1. poste.

Fœlix, qui potuit rerum cognoscere causas.

Ninguna cosa es mas vtil a los professores de la Iurisprudencia, para saberla con perfection, que la Inquisicion de la razon de sus decisiones, que como formadas por sapientissimos varones, estan fundadas en summa equidad, y razon. Porque si se contentan con saber solamente la decision, sin desplegar su razon, sera *Oleum & operam perdere.* Porque que le aprouechara saber mil leyes, si ignora su razon, y causa? y como sabra lo que es

verdade-

verdadero, o falso? Con los años de Matusalen no alcançara la Iurisprudencia, quien la fundare en solamente memoria de textos. Y especulando la razon de cada decision asseguró con Iustiniano, que bastan cinco años, para conseguirla: porque el conocimiento de los casos particulare tiene limitados sus fines: pero la noticia por arte de causas vniuersales, se estiende infinitamente comprehendiendo todo lo inferior en su generalidad. El que supiere solamente la decision de vna ley sabra decidir vn caso; pero el que supiere su razon decidira con ella cien mil. Y es de miserables ingenios, quando se les pregunta la razon de la ley, acogerse al sagrado de la ley. Non omnium ff. de legibus. Que dize, *Non omnium, quæ â maioribus nostris tradita sunt ratio reddi potest.* Porque esta no la entienden como las otras. Y para concluyr con este concepto, pondre vn exemplo desta doctrina de la ley. Cum auus. Dixe la razon de dudar, y sea la de decidir, que la razon, que mouio a Papiniano para responder, que los hijos del sobrino se han de preferir al tio, no obstante, que su padre murio dentro de los treynta años fue, que la substitucion fue hecha con dos condiciones, vna expressa por el testador, si muriesse su nieto dentro de treynta años: otra tacita, y subintellecta de la piedad paterna, de la qual no se presume, que el testador quisiera anteponer el tio a los nietos de su hijo, si entendiera, que los auia de tener, y morir dentro de treynta años. Y entonces se deue lo que se dexa debajo de condiciones, quando se cumplen todas. Pero como vio Papiniano, que de dos condiciones, que auia en esta pregunta, vna expressa, y otra tacita, falto la vna, con razon resoluio, no deuerse la succesion al substituto. Desta manera se han de examinar los Derechos, y se perciben los verdaderos sentidos dellos: y assi estudiados se entenderan con facilidad infinitas leyes con pequeño trabajo, y gran deleyte.

In §. quæstionibus si bene in proœmio ff ff.

L. si hæredi plures ff. de condi. instit.

XVII.

XVII. RVDIMENTO.

Bald. in l. precibus C. de compu. & alijs.
Arist. 3 Metaphy.

BAldo para encarecer la vtilidad, que resultaua del conocimiento de los contrarios dezia ordinariamente, *Aperire viam ferro, qui per contraria transit.* Porque juntos los opuestos resplandece mas la verdad, dize Aristoteles. Este fue el estudio de los Doctores antiguos, y el que siguieron Dino, Cyno, Bartolo, Baldo, y Saliceto. Los quales ingenuamente confiessan, que no ay otro mas breue para entender las leyes. Y este es el que ha de hazer el estudiante, despues de entendido el texto, y su razon de dudar, y decidir, ver en la glossa los textos contrarios, y las glossas dellos, porque de los mismos textos, y de sus glossas, y de los ordinarios sobre ellos, se ha de sacar la solucion, y concordia de los contrarios. Dira alguno. Este Rudimento es el mismo que el passado de la razon de dudar. Pues no es, sino muy diuerso, presupuesto, que la razon de dudar, se puede tomar de qualquier regla general, dize el Consulto, y assi es menos la opposicion, como tomada de genero. Pero la opposicion que se haze de los contrarios se ha de tomar de la especie contraria, o totalmente semejante a ella. Exemplo. Dize Papiniano, que la substitucion compendiosa hecha por vn soldado para despues de los catotorze años del substituydo despues de ellos y de aceptada la herencia, aun es substitucion directa.

In l. penult. versi. occurrebat ff. de castr. pecu.
Glos. in l. eunuchis C. qui test. facere poss.
L. 3. § fin ca. sicut plusquam per leg. falcid.
Papini in l. Centurio ff de vulg.

La razon de dudar la haze la regla general, que dispone, que la substitucion directa, ni se haze antes de la aceptacion de la herencia ni passa de los 14 años.

Responderan, que Papiniano habla en el testamento del soldado, que por sus priuilegios puede hazer substitucion directa despues de los 14. años, y despues de aceptada la herencia, pero no el que no lo es: y esto es todo a lo que se estiende la razon de dudar, y decidir de aquel texto. Pero si passamos a buscar texto contrario hallaremoslo exdiametro en vna decision Imperial, donde se determina, que la substitucion compendiosa hecha por el soldado

L quærebatur ff. de milita testamento.

el soldado no valia como directa, sino como fideicommissaria. La qual opposicion, como sea de la mesma especie, es necessaria para dissoluerla, alguna circunstancia del hecho. Dize Bartolo que estas substituciones fueron diuersas en la forma: porque la de Papiniano sue hecha con palabras directas, y la de los Emperadores con palabras communes. Accursio da otra concordia diziendo, que en la ley Cesarea estaua en medio la madre de los sustituydos, que extinguia la fuerça del priuilegio militar, y en la respuesta de Papiniano no auia madre.

Este es el modo de estudiar, q̃ excede a todos los demas: y este es el secreto, q̃ los Maestros no quierẽ reuelar a sus discipulos, por reseruar para si algo, dize Iustiniano.

XVIII. RVDIMENTO.

SI bien es verdad, que entre los Doctores auiendo controuersia, si ay en los Derechos leyes tan encontradas, que por indissolubles se puedan llamar antinomias, la verdadera resolucion es, no auerlas, asi lo affirma el Emperador Iustiniano en muchos lugares Gregorio Põtifice IX. Bonifacio VIII. Clemente V. y Graciano no refiere otras autoridades: porque donde ay decisiones son superfluas las opiniones.

Supuesto pues que todos los textos por contrarios q̃ parezcan tienen concordia, esta se hallara facilmente, consideradas estas calidades. O es la contrariedad entre las palabras, de la ley, con las palabras de otra, ò entre las palabras, y sentencia de la ley, o entre las palabras, y sentencias de vn texto con las palabras y sentencias de otro.

Para percibir bien esta differencia, y su consonancia se ha de leer enteramente el texto: porque juntando el principio con el fin, se percibe facilmente el sentido, que leyendo truncadamente fuera difficultoso. El exemplo es del cap. quemadmodum. §.

In l. precibus C. de impube & alijs.

In l. 3. C. accus. poss.

In l. generaliter §. cum autem C. de inst. & subst.

Iust. in proœmio ffff. §. inter.

In l. 1. vers. iubem⁹ & vers. nulla itaq; & in l. 2. versiculo contrarium. C. de vete. iure enucle. & in l. 1. §. quibus. C. de nouo C. & in l. 1. C. de iust. C. confir. & in l. 1. C. de emẽda. C. & in proœmio instit. versic. vt licet nobis Grego. in proœmio Decretaliũ. Bonifac. in proœmio 6. Clement. in proœmi. Clementinarum. Gratiano in suprascript. Decreti.

In l. inciuile. ff. de legibus.

illud autem, y el versiculo quod si. de iure iurando.

l. item veniunt. §. aptanda. ff. de petitione hæreditatis.

Duard. lib. 1. disputatio cap. 29.

Cuiac *lib. 6. obserua cap. 5.*

Ningun entendimiento es mas proprio de la ley, que el que mas se ajusta a las palabras della. El exemplo esta en la ley. Si diutina ff. de pœnis. Donde la palabra *reatus*, que es equiuoca (la qual vnas vezes significa pecado, otras la obligacion de la pena, y otras la misma pena, como la carcel se toma en este sentido por mas proprio segun resueluen Duareno y Cuyacio.

Quando vna decision esta defectuosa se supple por interpretacion de otra: como si en vn texto esta menos, y en otro mas escrito, juntando los dos se forma vna decision entera. El exemplo es del capitulo *vxor â viro* treynta y dos questione septima, el qual se suple por el cap. *dixit Dominus* 32 questione 1. segun Couarruuias.

Couarruuias *in 4. 2. part. c. 7. §. 5.*

Quando no se percibe el sentido de la ley, o canon se han de ver las leyes, o canones, que preceden, y se siguen. El exemplo es de la ley interdictorum §. fin. ff. de interdictis, y la ley 2. quædam ff. §. eodem titulo segun resuelue Menochio.

Menochio de recuper. in prælud. nu. 7. cum sequentibus.

Quando de la letra de la ley, ni de las que preceden ni se siguen se colige el sentido verdadero se ha de acudir a sus originales; en el Derecho Ciuil a las pandectas Florentinas, o exemplares antiguos, o Codices Hermogeniano, Gregoriano, Theodosiano, y las instituciones de Cayo y Vlpiano.

Y en el Derecho Canonico a las integras epistolas de los Pontifices recogidas por Antonio Concio, y Agustino. Exemplo en el cap. cum tibi, de testamento.

Anton. *August. in Collect. decreta. lib. 5. tit. 23. cap. 2.*

Hanse de ver tambien los años de la promulgacion de las leyes contrarias, porque la postrera deroga a la primera: el exemplo es de la l. si herus 77. §. seruus ff. de legibus 3. contraria a la ley qui res. §. aream ff. de solut. las quales concuerda Cuya-

l. fin. ff. d. constit. princip.

Cuiatio in d. § arcam & in tit. 5. ad Africanum.

da Cuyacio.

Ha se de mirar tambien la inscripcion de la ley, o canon, que Papa, Emperador, o Iurisconsulto es su autor, y aquien esta dirigida y de que trata: y por los tiempos de los autores y de las materias de que hablaron se reduze a concordia. Exemplo in l. mortuo Ioanne ff. de legatis 2.

Todas las leyes estan puestas debaxo de congruentes titulos, y de la diuersidad de todos ellos, y differencia de las materias se interpretan las leyes.

L. 2. §. siquid vero vers. omnia enim C. de vete. iure.

El exemplo es del capitulo tam literis versiculo de munic, de testibus, contrario al ca. ex literis de probationibus. Vltimamente, o la contrariedad de los textos consiste en las palabras, o en las sentencias. Si en las palabras se ha de responder, que el vn texto se entiende, propria, y el otro impropriamente. El vno strictamente, segun la verdadera significacion del nombre y el otro latamente, segun la benigna interpretacion, y commun vso de hablar. Exemplo in l. si serua §. si spadonis. ff. de iure dotium.

Glos. in l. quoties verbo inculturam ff. de vsufructu.

Glo in cap. peruenit qui filij sint & ibi. Panormit. nu. 4.

La contrariedad consiste en la sentencia, y sentido de la ley, y se ha de responder que su razon es dissimil de la otra, con estos subterfugios.

El primero que el vn texto procede de Derecho antiguo y el otro de Derecho mas nueuo. Exemplo in l. in suis ff. de lib. & posth. & l. fin. C. de patria potestate. Contrarias a la ley Diuus ff. ad l. Pompe. de parr. & totum titulum C. de his, qui parentes.

Ripan. in Rubrica soluto matrimonio num. 6.

Baldo in l. 1. in fi. ff. de cura. furio.

Bartolus in l. ita stipulatus nu. 27. ff. de verborum oblig.

El segundo. Vn texto habla de Derecho Ciuil, otro de Derecho pretorio. Exemplo in §. posthumo quoque, institutis de legatis, contra el §. 1. Institutis de bonorum possessione.

Ripa. in l. 1. num. 22. ff. de vulg.

El tercero es la differencia del Derecho Canonico, y Ciuil. Exemplo in authentica. Ex complexu C. de incestis nupt. contra el ca. cum haberet. de eo qui duxit in vxorem &c.

Riminaldus in §. 1. nu. 55. institutis per quas personas.

Barbosa in Rubrica 1. ff. soluto matrimonio nu. 12.

Estas reglas mas latamente, y adornadas de mas exemplos si las quisiere ver el curioso, lea al Doctor Antonio de Campos Isonomia interpretandi vtrumque ius, cuya impression fue del año de mil y quinientos y ochenta y quatro. Al qual como tiene de costumbre traslado sin citarlo Pedro Morla en su emporio, que imprimio el año de mil y quinientos y nouenta y nueue. Yo añado a estas doctrinas, que si bien sea verdad, que no se han de admitir entendimientos de leyes diuinatorias; segun Accursio, Panormitano, y Ripa, y aquel se dize entendimiento diuinatorio que suple alguna cosa a la letra del texto, segun la misma glossa de Accursio. Porque en la verdadera explicacion de las leyes no se ha de suplir nada dize Baldo: pero si dos leyes o canones estan tan encontrados, que perecen Antinomia, para su concordia es licito diuinar, o suplir alguna cosa segun Bartolo, Ripa, Hippolyto Riminaldo, y Barbosa.

Morla in emporio iuris tit. de legibus pact. 12.

XIX. RVDIMENTO.

COmo las leyes por ser innumerables, y otras por su prolixidad no se puedan todas encommendar a la memoria, parecioles a nuestros mayores, inferir del contexto de las leyes vnas breuissimas reglas, que son vnas breues, y compendiosas sentencias, que con menos trabajo se deprenden, y con mas facilidad las retiene la memoria. A esta llamaron los Iurisconsultos reglas; los Doctores sumas; los dialecticos Theses, o posiciones: los medicos Aphorismos, y otros Axiomas. El vso destas reglas es summamẽte prouechoso. Lo vno, porq̃ su breuedad deleyta al entendimiento, dize Accursio: no cargan la memoria, hazen mas erudita la lengua, y encaminan mas presto a conseguir la Iurisprudencia. Porque las reglas con claridad, y concession explican nuestros conceptos, como nos enseña la experiencia: y los,

Glos. in l. 1. ff. quod metus cau. & in l. 1. ff. de iure iurand.

y los que no lo ſaben hablan por vnos circuytos inextricables lo que con dos palabras ſe comprehende. Tambien con las reglas ſe componen los ſyllogiſmos, que es el mas perfecto modo de diſputar ſegun Ariſtoteles, y ninguno es mas proprio para ſacar la verdad, y deſcubrir la falſedad, porque propueſtas dos reglas neceſſariamente ſe concluye nueſtro intento. Para eſto ſe ha de hazer memoria de las reglas del Derecho Ciuil y Canonico, que las primeras eſtan en el vltimo titulo del ff. nueuo, y las vltimas en el fin del libro ſexto.

L. regula: quæ rẽ, quæ eſt, breuiter enarrat ff. de iure iurando.

Ariſt. 1. priorum.

No ſe deue menos memoria a las leyes del titulo de verborum ſignificatione, que eſtan anſi miſmo en el penultimo titulo del ff. nueuo, para conocer la propriedad, y naturaleza de las palabras iuridicas, y los fraſis, y modos de hablar, de que vſaron los Iuriſconſultos.

XX. RVDIMENTO.

AY otras reglas, que los Doctores ſacan de las leyes y llaman axioma, o brocardicos, de Derecho, vtiliſsimos para arguyr: porque propueſtos dos brocardicos ſe concluye el intento. Exemplo. Si quiero prouar que los conjunctos, *re*, concurren igualmente con los conjuntos *Verborum*, y ſeria prolixo hazerlo por inductiones de textos, que tienen varios entendimientos, como dixo el Conſulto, por friuolas ſimilitudines, dexando los brocardicos, por los quales con dos ſolos eſta comprobado el Derecho de acreſcer, depende de vna voluntad preſumpta: pues la voluntad del diffunto no ſe mueſtra menos, *re*, quam *verbis*, luego, *re*, tantum coniuncti, & *verbis tantum coniuncti pariter admittuntur*. Eſte modo de arguyr tan facil, quanto elegante ſe alcançara por el eſtudioſo, que procurare ſacar reglas, y brocardicos de las leyes de los quales

In l. ſiquis ff. de hæred inſt.

L. ſi Titium §. Iulianus ff. de leg 2.

L. recuſari ff. de acquirenda hæredit.

componga breuissimos syllogismos; cosa tan necessaria para conocer la verdad; que sin ella ni el estudiante se aprouechara, ni el Doctor interpretara bien los Derechos, ni el abogado defendera bien las causas, ni el Iuez determinara bien los pleytos, de las quales referire algunas.

L. 1. C. de sacro sanctis. — *Nihil est, quod magis hominibus debeatur, quam libertas supremæ voluntatis.*

Vitæ vtilitas legum obseruatione digna non est.

L. quæ adulterium. C. de adult. — Quæ contra leges fiunt pro infectis habenda sunt.

l. iubemus §. prædia C. de sacro sanctis. — Desideria morientium ex arbitrio viuentium colliguntur.

l. quoniam C. de natu liberis. — Quæ ex improuiso casu accidunt facto non moræ imputantur.

l. 1. C. ad l. Cornel. de sicar. — Parentum necessitatibus liberos succurrere iustum est.

l. 1. C. de alen. liber. — De sua non de aliena cõscientia quisque est interrogandus.

l. fin. C. de accusatio. — Alienatio est omnis actus, per quem dominium transfertur.

l. 1. C. de fundo dota. — Ad regimina, & dignitates, non pretium vel Ambitio, sed probata vita prouehere debet.

l. 1. C. ad l. Iuliam repetun.

l. penult. C. si contra ius vel vti. pub. — Mendax precator caret penitus impetratis.

l. 3. C. de testam. — Nil tam proprium imperij est, quam legibus viuere.

l. Grachus C. de adult. — Quod legitime factum est, nullam pænam meretur.

l. 3. C. ad l. Corneliam de sicar. — Defensor proprię salutis in nullo peccare videtur.

l. cum duobus C. de inofficio. testamento. — Resoluto testamento, neque legata, neque fideicomissa debentur.

L. meminerint. C. vnde vi. — Iniuriarum occasio inde nasci non debet vnde iura nascuntur.

In

In criminalibus non oportet emendicatis vti suffragijs.	*l. singuli C de accusatio.*
Ibi pœna esse debet, vbi noxa est.	*l. sancimus C. de pœnis.*
Volenti dolus non infertur.	*l. cum donationis C. de transaction.*
Beneficia principum in alterius iniuriam non tribuuntur.	*l. nec auus C. de eman. liber.*
Nefandorum hominum arrogantia omnibus modis opprimi debet.	*l. vnica C. de priua. carcer.*
Eadē seueritate voluntas sceleris, qua effectus punienda est.	*l. quisquis C. ad leg. Iuliam maiest.*
Iudici pecunias mutuans, vna cum iudice relegatur.	*l. quisquis C. si certum petatur.*
Culpa similis est tam prohibita discere, quam docere.	*l. penult. C. de malæ fidei.*
Seniores propinqui minorum errores corrigere debent.	*l. vnica C. de emenda. propin.*
Seruis alienis libertas directo dari non potest.	*l. seruo C. de testam. manu.*
Calumniæ pœna in paternæ mortis accusatione cessat.	*l. calumniæ C. de calumnijs.*
Longe grauius est, æternā, quā tēporalem offendere maiestatem.	*Autentica Gazaros C. de hæreticis.*
Quod omnes tangit, debet ab omnibus approbari.	*l. fin. in fin. C. de authentico præst.*
Exēplum gratia est prætextu nocentis insontem periclitari.	*l. fin. in fin. C. de his qui latro. occul.*
Principis indulgentia non infamiā, sed pœnam remittit.	*l. fin. C. de gen. abolitione.*
Concessio principis habet vim decreti.	*l. 2. C. quando Decret. opus non est neces.*
Concordia lucro præferenda est.	*l. reprehendenda C. de institutione & substitutione.*
Scholasticis nulla iniuria fieri debet.	*Authentica habita C. ne filius pro.*
Summa est ratio, quæ pro religione facit	*L. Sunt personæ ff. de relig. &*

sumptibus funer.	ne facit.
L. inter eos §. cum inter ff. de fidei iussor.	Deceptus non videtur, qui iure cõmuni vsus est.
L. si iudex ff. de mino.	Vnicuique contemnere licet ea, quę pro se introducta sunt.
L. 2. ff, de fide instru.	Calumniosa scriptura in iudicio vim non obtinet.
L. non possunt. ff. de iure fisci.	Id bonorũ cuiusque esse intelligitur quod super est de ducto ęre alieno.
L. proprium ff. communia prædiorum.	Seruitutem recipere, nisi sibi nemo potest.
L. de accusationibus ff. de ver. & temp præscriptio.	Si vinco vincentem te, à fortiori ratione vincam te.
L. respiciendum ff. de pæn.	Neque seueritatis neque clementiæ gloria affectanda est.
L. non vtique ff de exceptio.	Non confitetur qui exceptione vtitur.
L. sæpe ff. de re. iudicata.	Res inter alios iudicata alijs non præiudicat.
L. fin ff. pro suo.	In alieni facti ignorantia tolerabilis error est.
L. lege fundo ff. de leg. commi.	Nil penes eum residere debet ex re, in qua fidem fefellit.
L. 3. ff. de alienatione iudicij.	Pontentioribus nostris pares esse nõ possumus.
L. ita §. 1. ff. de dolo.	Non debet quis ex alieno damno lucrari.
L. in ciuile ff. de legibus.	Inciuile est, nisi tota lege perspecta aliquid respondere.
L. siquis ab alio ff. de re. Iud.	Vani timores nulla æstimatione sunt.
L. veluti ff. de iustitia & iure.	Patriæ & parentibus parere tenemur.
L fin. ff de iure iurando.	Naturalis obligatio iure iurando colitur.
l. 1. ff de const. pecu.	Graue est fidem fallere.

In bono & æquo plerumque perniciose erratur,	*l. si seruum. §. sequitur. ff. de stipu.*
Inuitis nostris res nostras, alius retinere non potest.	*l si filiofam. §. 1. ff. solut. matrimon.*
Facti interpretatio plerumq; etiam prudentissimos fallit.	*l. 2. ff. de iuris & fact. ignorantia.*
Qui sibi non parsit multominùs alij parceret noxa caput sequitur.	*l. fin. ff. de bon. eo.*
Ex duobus conditionibus disiunctis sufficit alteram adimplere.	*l. rem mihi. ff. commoda.*
In maleficijs voluntas spectatur non exitus.	*l si ita quis. ff. de stipula.*
Ex æquali conuersatione nascitur cōtemptus dignitatis.	*l. diuus. ff. ad l.* Corne. *de sicar.*
Vim atque injuriam propulsare licitum est,	*l. obseruandum. ff. de officio præsid.*
Dolus an virtus, quis in hoste requirat.	*l. vt vim. ff. de iustitia & iure.*
In necessitatibus nemo liberalis existit.	*l. nihil. ff de captiuis.*
Lubricum linguæ ad pœnam facile trahi non debet.	*l. rem legatam. ff. de adim. leg.*
Factum infectum, fieri non potest.	*l. famosi. ff. ad leg. Iuliam maies.*
Nemo alterius nō delinquentis deteriorem cōditionem facere potest.	*l. in bello. §. factæ. ff. de capti.*
Non debent esse melioris conditionis stulti quam periti.	*l. 2. ff quod vi aut clam.*
Probationes de domo rei sumi non debent.	*l. de minore. §. tormenta. ff. de quæstio.*
Propensiores esse debemus ad absoluendum, quam ad condēnandum.	*l. Arrianus ff. de actionibus, & obligat.*
In coniunctis ordo non attenditur.	*l. quidam testamento. ff. de pecu. lega.*
Non hominis fictio, sed veritas spectanda est.	*l. si fore. ff. de castr. pecu.*
Pœnæ sunt molliendæ, potius quàm exasperandæ.	*l. penult. ff. de pæn.*

l.contum. ff.de re iud. Contumacia litis damno concretur.

Pœna vnius alterius præmium esse non debet,

l.si sequens ff. ad Syllania. Lege locus non est in ea hæreditate quæ soluendo non est.

l. si quis solidum. ff. de hæred. insti. In facto proprio error non præsumitur nisi probetur.

l. si hæres. §. fin. ff. ad Trebel. Sine possessione vsucapio non procedit.

l. sine ff. de vsuca.

XXI. RVDIMENTO.

LA segunda parte de las reglas no es de las, que se sacan de las palabras de las leyes, sino de la mente dellas, sin retener ni vna sola palabra. Y es mas difficultoso, porque pende todo de speculacion è ingenio, porque estas reglas no se forman de las palabras de la ley, sino dela razon della, subtilmente explicando no lo que el Iurisconsulto dixo, sino lo que sintio. En esto fueron excellentes Bartolo, y Baldo, que de tal suerte sumaron las leyes en epitomes, y breues summarios, que no se pueden cifrar, ni mas breue, ni mas subtilmente: y por ornato pondre dos exemplos. Dize vna ley.

l.tutor ff. de testament. tutela. *Tutor datus, vetari tutor esse potest, vel testamento, vel codicillis.*

Desta ley saca Bartolo este summario.

l.regula. §. fin. ff. de iur. & fact. ign. *Vnumquodq́, per quod legatur per cõtrarium dissoluitur.*

El tutor nombrado en el testamento, o codicillo por la disposicion contraria se remueue. Pero porque seria de poco prouecho entẽder este texto de solo el tutor, Bartolo hizo del vna regla general para los casos similes.

Otro exemplo de Baldo.

l.duobus ff. de testam. tute. *Statu liberum post ademptam libertatem non posse conueniri ex contractu anteâ celebrato, dum libertas penderet*

l. 1. Ca. an seruus ex suo facto. Baldo saca por regla desta ley, *Illud quod est in potentia de actu non disponit.* Porq̃ el statu liber, es libre en potentia: pero no en acto, y assi el contracto, que haze aun no siendo libre, no se entiende en el caso en que ya es libre.

Este fue el exercicio de los antiguos glossadores: y el mesmo obseruaron todos los Doctores, que fueron celebres

lebres en la Iurisprudencia: porque ninguna cosa ay en ella mas vtil, ni mas delectable que reduzir a breues reglas el sentido, y alma de las leyes. Estudio que exercita mucho el ingenio, deleytandolo con su breuedad; y lo que es de mas consideracion que se quedan enla memoria los lugares ordinarios de las leyes, de donde salieron las reglas.

XXII RVDIMENTO.

LAs rubricas de los titulos del Derecho, son las que en segundo lugar despues de las reglas se han de encomendar a la memoria. Rubrica es el titulo de las materias, que se tratan en los Derechos: porque la Rubrica enseña la materia del titulo, segun Baconio, y aquellos versos de Ouidio.

Manio lib. 5. declaration. iur. decl. 75. nu. 1.

Legerat huius amor nomen titulumque libelli.
Bella mihi video, bella parantur, ait.

Ouid. lib. 1. de Remedio amoris.

Y estos titulos de las materias se llaman rubricas por estar estampadas de letra colorada, porque se distinguan del texto, del color Rubro se llaman Rubricas, segun Brisonio: porque con esta tierra o color della se escriuian los principios de los libros y titulos dellos: por lo qual las llamauan Rubricas assi los Iurisconsultos como los demas autores, como refiere Alonso de Vasconcelos. Vnde illud Ouidij.

Brisonio de verbis iuris, verb. Rubrica.

l. 2. ff. de interdic.

Al. de Vascon. in armon. iuris canonici.

Nec titulus minio nec cedro Charta notetur.

Ouid. lib. . de Tristibus. in princ.

Y lo de Persio.

Excepto si quid Masarij rubrica vetabit.

Persio Sat. 5.

Y la razon de ser mas deste color, que de otro fue, porque segun Gelio fue color de los Fenices, a quien se deue la inuencion de las letras en honra y gloria suya, segun refiere Alciato. La memoria de las Rubricas es de mucho prouecho, donde se tratan las materias del para hallar la decision, ò materia del caso, que occurriere, buscando el titulo, y materia, que los comprehēde. Exemplo. Offrecese materia de emprestidos, voy al titulo. ff. de rebus creditis: si materia de injurias al ti.

Gellio lib. 2. c. 26.

Alcia. lib. 2. Parergon. cap. 1.

al titulo ff. de iniurijs. Leo todas sus leyes, y veo la que mas se ajusta al caso sobre ella, los Doctores ordinarios, que este es el verdadero estudio, y el que haze letrado; y no el estudiar por modernos, y cartapacios. Tienen otra vtilidad las Rubricas, que se pueden alegar por leyes. Y assi Graciano argumenta de la Rubrica, *quod quisque iuris in alium statuerit, vt ipse eodem vtatur:* aunque esto no es general de todas las Rubricas sino particular de aquellas, que tienen oracion perfecta. Exemplo, la Rubrica *plus valere quod agitur, quam quod simulate concipitur.* O quando ay Rubrica, y no texto debaxo della la rubrica ocupa el lugar del texto, dize Accursio. Y esta doctrina es general para ambos Derechos, excepto el Decreto, dizen Ioan Andres, y Angelo. No quiero dexar de aduertir como los glossadores, y tambien los escriuientes ordinarios se fatigan demasiado en continuar las rubricas, que es dar razon porque el compilador de los Derechos puso el segundo titulo tras del principio, y el tercero tras del segundo; y assi de los demas titulos, trabajo que siẽpre me parecio infructuoso, y assi me agrada la doctrina de Raphael Cumano seguida per Angelo, y Fernando de Mendoça, que dize, que si bien es verdad, que las materias han de ser conformes, y vna ha de tener dependencia de otra, conforme a la ley. 2. ff. de statu hom. pero que no es precisamente necessaria la continuacion dellas. Y para esto ponderan vn lugar de Iustiniano, ibi. *extra propositam materiam,* y otro del mismo Emperador, dõde se diuierte de las materias que sigue, a otras totalmente diuersas: y assi soy de parecer, que quando se encontrare el estudiante con esta continuacion de rubricas, o en las glossas, o en los Doctores, omita este trabajo, y passe a otro mas fructuoso.

In c. hæc autẽ verba de pœnitentia, distin 1.
Angelo in Rubr. Instit. n. 8.
In l. 1. §. hæc autẽ actio. ff. si quis testamento liber esse iussus fuerit.
Io ã. in add. marg. ad gloss. verb. titulis in prooemio. 6.
Angelo. vbi sup.
Mendoça in dispn tat de factis in rubrica.
In princ instit. de legat.
§. fin. inst. institu. per quas personas nobis acquiritur oblig.

XXIII. RVDIMENTO.

Y Para que se entienda como la Iurisprudencia, como verdadera sciencia tiene consonancia con las demas sciencias,

sciencias, en sus terminos referire los correspondientes a la Philosophia.

Los Logicos tienen por transcendentes naturales,

Ens, vnum, res, bonum, verum,

Los Iuristas,

Ius, bonum, æquum,

Los predicables de los Logicos son,

Genus, species, differentia, proprium, & accidens.

De los Iuristas,

Mens, dictum, factum.

Los predicamentos de los Logicos son,

Substantia, quantitas, qualitas, aliquid,
Vbi, quando, situs, habere, facere, pati.

De los Iuristas son,

Causa, persona, locus, tempus, qualitas, quantitas,
Euentus, comprehendidos en estos versos,

Causa, locus, tempus, personaque qualeque quantum,
Euentusque hominum, hæc omnia facta regunt.

El genero de los Dialecticos es, *animal*.

De Iurisconsultos, *homo*.

La especie de los Dialecticos es, *homo*.

De los Iurisconsultos, *Titius, Seyus*.

El indiuiduo de los Dialecticos es, *Plato*.

De Iurisconsultos, *Seruitus omnis dempto vsufructu*.

La virtud de la ley es,

Imperare, vetare, permittere, punire, — *l. legis virtus. ff. de legibus.*

Lo qual se contiene en estos versos de Virgilio.

Tu regere Imperio populos Romane memento:
Hæ tibi erunt artes pacisque imponere morem,
Parcere subiectis, & debellare superbos.

Subiectum iuris est.

Contractus, vltima voluntas, iudicium.

Y el orden del Derecho contiene diez grados.

I. El consentimiento del hombre,

II. Del consentimiento, el dicho, ò el hecho.

III. Del dicho, ò el hecho, el contrato, ò quasi contrato;

IIII. Del

IIII. Del contracto, ò quasi contracto la obligacion.
V. De la obligacion la action.
VI. De la action la forma de proponerla,
VII. De la forma el juyzio.
VIII. Del juyzio la sentencia.
IX. De la sentencia la execucion.
X. De la execucion la salud de la republica, y quietud de los particulares.

La forma de sacar reglas del hecho, y razon de las leyes.

Cap. XIIII.

DESPVES que el nueuo professor de la Iurisprudencia vuiere alcançado los principios della, sabido las reglas del Derecho, sus Rubricas, las razones de dudar, y decidir de los textos, ha de procurar no andar como ciego tras el perrillo de los trabajos agenos, no se ha de desuelar por desuelos de otros, sino por adelgazar su ingenio, procurando sacar notables reglas, y sentencias de las leyes, que aũque dicho mas breue en otra parte es mas proprio desta. Estas reglas son en dos maneras. Vna, que abreuia el hecho, y a esta llamã los Doctores summario, y los Iurisconsultos mas Latinamente summa. Otra que comprehende solamente la causa, o razon de la ley. De entrãbas cosas pondre exemplo en dos leyes.

l. in summa. ff. de cond. in deb. l. in summa. ff. de aqua plu. arce.

Qui bis idem promittit ipso iure amplius, quam semel non tenetur.

l. quibis idem. ff. de stipulatio [illegible]

Esta ley parece, que no se puede summar mas breue, como dimo dize muchas vezes Bartolo; pues de las palabras della se alleg n estos Epitomes.

Gemina promissio semel tantum obligat.

Eadem res bis eidem promitti aut solui non potest.

Duplex obligatio eodẽ iure & respectu nõ admittitur.

¶Pues summando mas subtilmente la razon, y causa de la ley, se pueden sacar estas summas.

Duorum ad idem suffragantium, alterũ est superfluum.

Ex pluribus causis ad idem tendentibus vna sufficit ad effectum.

Lex nihil superfluum tolerat:

Leges superuacuæ repudijs non vtuntur.

Ars nihil frustra operatur, quia naturam imitatur.

Quæ nihil frustra, aut perperam agit.

¶Sea el otro exemplo desta lex.

Nõ ideo minus vxor tua iure hæres videtur instituta, quod non vxor, sed affinis in testamento nominata est.

¶La summa de los Doctores es esta,

Non videtur institutio si vxor appellatur affinis. Pero summandola mas generalmente assi. Falsa demõstratio non vitiat dispositionem: porq̃ la muger no es parienta de su marido, sino principio y fin de la affinidad, y parentesco: y assi summando esta ley por la razon della se sacan estas conclusiones.

Idẽ iudicatur de principio effectus quod de ipso effectu

Causæ & causati idem est iudicium.

Y este exercicio de variar los sentidos de las leyes por diuersas perifrasis, y formas de hablar, lo vsaron los Iurisconsultos; y tambien los Doctores, y nuestros primeros Maestros. Exemplo de vna ley de Vlpiano,

Factũ alterius alij nocere nõ debet. El mismo Paulo vso dela misma sentẽcia, por mas breues palabras en otro lugar. Alieno facto nullus oneratur.

Celso.

Alieno facto ius alterius non mutatur

Papiniano.

Non debet alteri per alterum iniqua conditio inferri.

Cayo.

l.3.§. si quis ex liberis ff. de bon poss. cont. l. si quis ita scripserit. ff. de hæredib. instit.

§.qq. in pr. cõst. C. l. hæc stipulatio. § diuus. ff. vt legatorum nõ caueatur.

§. minorum. insti. de adoptio.

l. non ideo minus. C. de hæred. instit.

l. falsa. ff. de cond. & demonst.

l. non facile. §. affinis. iuncta glossa. verb. ex nuptijs. ff. de gradib. affin.

l. quo minus. ff. de flum.

l. & si amicis. ff. de adulterijs.

In l. de pupillo §. si plurimum. ff de oper. nou. nunt.

In l. in causæ. de procurato.

l. nam satis. §. fin. ff. quemad. seruit. amit.

In l. non debet. ff. de reg. iur.

In l. si pariter. ff de lib. causa.

Cayo.

in l.3.ff.de transactio. Non debet alterius collusione, aut inertia alterius ius corrumpi.

Sceuola.

in l. hæredes. §.in illa.ff.fam.herciſ. Alterius negligentia ad alienam iniuriam referri non debet.

Paulo.

l.si procurator.la. 2.ff.de doli excep. Vnius factum cæteris non debet esse damnosum.

Neratio.

l.crimen ff.de pœnis. Alienus dolus alij nocere non debet.

Caliſtrato.

l.pater fam. ff.de hæred.inſtit. Vnusquisque ex suo admisso sorti subijcitur, nec alieni criminis successor constituitur.

Alfeno.

In l.illud.ff. ad l. Aquil. Nemo ex alterius facto obligatur, vel excluditur.

Lo mismo obseruaron los Doctores, como de

Bartolo.

In l. maximũ vitium. C.de liber. præteritis. Vbi militat eadem ratio, idem ius statui debet.

Baldo.

In commentario inſtitutio. Quos ratio connectit, non debet iuris dispositio separare.

Portio.

In cap. cum dilecta de confir. vti. vel inuti. Rationis identitas non patitur, decisionem similium casuum esse diuersam.

Abbad.

Similis æquitatis ratio similia iura suadere videtur.

Y otros interpretes.

Vbi diuersa ratio asignari non potest, diuersum ius induci non debet.

Paritas rationis paritatem exigit dispositionis.

Simile factum simili iure finitur, eadem ratio idem ius.

Que

Que la verdadera interpretacion de las leyes, no conſiſte en juntar opiniones de Doctores, ſino inquirir el animo del Legiſlador.

Cap. XV:

HA ſe llegado a tiempo tan caduco, que ſi interpretamos vna ley, ſi no la adornamos del aparato, de opiniones, y authoridades nos parece, que no ſe ha cumplido con nueſtro inſtituto; ſiendo cierto, que en las queſtiones y entendimientos de leyes opinatiuas, no eſtà la reſolucion dellas en el mayor, ò menor numero de Doctores, ſino en los mas ſolidos motiuos, como reſoluieron Ioan Andres, y Barbacias. De otra manera la Iuriſprudencia no tendria eſtabilidad, ſino ſeria deambulatoria haſta el fin del ſiglo: porq̃ la que oy es mas commun opinion, mañana es menos cõmun, ſegun la variedad de los libros q̃ cada dia ſalen: porque los modernos no inueſtigan las razones, ſino imitan las aues, dize Decio, que en volando vna azia alla buelan todas, aunque ſe precipiten. De aqui nacen tantos y tan prolixos volumines de lecturas, y tan diuerſos entendimientos de leyes, que ya ningunas tienen la pureza, en que las dexaron los Iuriſconſultos: Porque quien ay de manos tan limpias, que las lecturas y trabajos agenos no quiera hazer ſuyos proprios, componiendo de flores agenas ſu ramillete: y para dar occaſion al adagio, *muta ſtylum, & facies librum.*

1. part. quæſt. 2. num. 22. Decio. conſ. 294.

Quanto mas vtiles para el que quiere ſaber hazer en cada ley vn eſcolio, y breue annotacion, no de trabajos agenos, ſino de los ſuyos proprios, prouãdo las fuerças de ſu ingenio, ſacando ya de las palabras, ya del

l.1 iuncta. glo ff. quod met. cau.

In l. pupillus. ff. de adquir. hæred.

alma de la ley sentencias, y notables con que no succedera caso por difficil, y extraordinario que sea, que no pudiesse determinarse cõ estos trabajos sin referir ineptamente a Bartolo y Baldo en confirmacion de lo que se comprueua con elegantes respuestas de Iurisconsultos, y decisiones Cesareas.

Deste vltimo estudio propondre dos exemplos, para que los estudiosos se afficionen mas del, por su nouedad, y breuedad. Y sea el primero de Vlpiano juez de las opiniones de Marcelo, y de Iuliano.

Iulianus scripsit, si pupillus paterna hæreditate se abstinuisset deinde aliquis ei hæres extitisset, non esse eum compellendum creditoribus paternis respondere, nisi substitutus ei fuisset; inclinat enim in hoc, vt putet subiturum etiam patris onera substitutum: quæ sententia â Marcelo recte notata est: impugnat enim vtilitatem pupilli, qui ipse saltem potest habere successores: metu enim onerum patris timidius quis etiam impuberis hæreditatem adibit, &c.

l. conficiũtur. ff. de iure condi.

l. ab eo. C. de fideicommiss.

§. 1. Instit. de ingenuis.

l. 1. §. 1. ff. si quis om. cau.

Presupuesto que a nadie es oculto, que Marcelo hizo notas a las respuestas de Iuliano, la question fue, si el heredero del pupilo, que se abstuuo de la herencia paterna, està obligado a las deudas del padre, en la qual Iuliano, y Marcelo fueron de cõtrarios pareceres: porque no se controuertia, si el heredero legitimo del pupilo estaua obligado a las cargas paternas, aunque no faltaua razon de dudar: porque el heredero del pupillo no recibio la herencia de sus manos, sino por beneficio de las del padre: el qual se la podia quitar, dando a su hijo vn estraño substituto. Y la razon persuade, que pueda vno onerar al que pudo tambien honrar. Pero en el heredero testamentario del pupilo dezia Iuliano, que o repudiasse la herencia pupillar, o aceptandola quedasse obligado a las deudas del padre, juzgando por indigno del beneficio del testador al que menos preciaua el honor, y la carga del. Marcelo era de contrario parecer, que el heredero testamẽtario del pupilo, ni estaua obligado a las cargas paternas, ni podia ser cõpelido a aceptar su herencia:

rencia: porque la calamidad del padre no ha de dañar al hijo: y aſsi ſus cargas no hã de ſer en perjuyzio del hijo, priuandole de ſucceſſor: y porque facilmente ſe podia fruſtrar la volũtad del teſtador pues, no eſtà prohibido el ſubſtituto principalmente ſi es conjuncta perſona repudiar entrambas herencias ex teſtamento, y acceptar la pupilar libre de cargas, fauorecia tambien la opinion de Marcelo, que la prouiſion del padre hecha en fauor del hijo, no ſe auia de torcer en odio ſuyo. Y ſeria impio el padre, que inſidiaſſe la honra y prouecho del hijo, preſumiendo el Derecho, que es ſolicito de todo el bien ſuyo. Por las quales razones ſiguio Vlpiano la opinion de Marcelo cõtra Iuliano. Y no obſta contra Marcelo, y Vlpiano, que no auiendo quien acepte la herencia del padre, queda el teſtamento ſuyo deſtituydo, y en buena conſequencia inualida la ſubſtitucion pupilar, que es parte del teſtamento principal del padre; porque ſe reſponde, que el beneficio de la abſtencion, quãdo ſe trata del fauor del que ſe abſtiene, ni diſminuye el derecho de ſuidad, ni impide la confirmacion del teſtamento paterno.

l. quod fauore. C. de legibus.
Cap. ſi quælibet in fine. 22. q. 2.
l Lucius. la 2. in fin. ff. de hær. inſt.
l ſi nemo ff. de teſt. tut.
l. 2. §. ſi quis antē ff. de vulg.
l. filius qui ſe paterna. ff. de acqui. hæred.

Del hecho y razones deſta ley ſe infieren las concluſiones ſiguientes.

Beneficium abſtinendi (quando agitur fauore abſtinentis) non impedit effectus ſuitatis.

Inducta in fauorem in odio redundare non debent.

Sola ſuitatis pupilli abſtinentia cõfirmantur tabulæ pupillares.

Vulgaris ſubſtitutio etiam extranei, nõ tollit ſuitatem hæres pupilli abſtenti etiam teſtamentarius paternis oneribus inuitus non aſtringetur.

Pupillaris ſubſtitutio pupilli honorem, & vtilitatem continet.

Laudabile eſt hæredem & ſucceſſorem habere.

Miſerum eſt, ſine hærede decedere.

Non conuenit paternę pietati vtilitatem, vel honorem liberis inuidere.

d. l. filius, qui ſe paterna. l. nulla. ff. de legibus.
l quæſitum, ff. de acqui. hæred.
d. l. quæſitũ, in fi.
l. ſi fil. ff. de vulg.
in pr. inſt. de pupi.
l. & quia. ff. de intr. actio.
§. 1. inſtit. quibus man. non licet.
Cap. ſi quilibet in fin 22. q. 2.
l. 3. § quod ſi prætor ff. de mun. & hono.

l. filio pater. ff. de leg. 1.

Calamitas patris filio nocere non debet.

Nemini iniuria facere videtur, qui sue cõsulit indẽnitati.

l. filius, vbi glo in fi. ff. de acq. hære.

Quod multifariam fieri potest, id meliori modo concedendum est.

l. vẽtre ff. de aqua. hæredita.

Melius est ex testamento concedere quod ab intestato prohiberi non potest.

l. absentem. ff. de pœnis.

Quod nemini nocet & alicui prodest periniquum est denegari.

l. 1. §. sed neq; C. de vete. iure.

Plerumq; minus malum toleratur, vt grauius euitetur.

Præualere debet opinio, quæ melioribus rationibus comprobatur.

Cap. Capellanus, vbi Abb. de ferijs

Ambigua verbi relatio ad id faciẽda est, de quo principaliter agitur.

l. si. §. Titia. ff. de lib leg.

Frater impuberi fratri substitutus, eius necessarius hæres extitit.

l. sed si plures. §. 1. ff. de vulg.

Quos pater sibi necessarios habet, eosdem & filio necessarios facere potest.

l. 2. §. prius. ff. de vulg.

¶El segundo exemplo sera del Iurisconsulto Pomponio, cuyas palabras son estas.

l. & si non sint. §. præueniamus. ff. de aur. & argent. leg.

PeruenIamus ad gemmas inclusas argẽto, & auro, & ait Sabinus argento, auro ve cedere: ei enim cedit, cuius maior est species, quod recte expressit, semper enim cũ quærimus quod cui cedat illud expectamus, non quid pretiosius sit, sed quid cuius rei ornandæ causa adhibetur, vt semper accessio cedat principali.

En el caso desta ley vn testador auia legado a Titio sus oros, en algunos dellos auia piedras preciosas, que los adornauan. Preguntose si se deueran al legatario tambiẽ las piedras preciosas? Lo q̃ hazia duda era, q̃ las piedras preciosas son de mayor valor, que el oro; y parecia absurda cosa, q̃ lo mas precioso cediesse a lo mas vil, y lo mas digno a lo menos digno. En esta question Sabino, a quiẽ siguio Põponio, fue de parecer, que las piedras cediessẽ al oro. Y la razon, que les mouio, fue porque las piedras engastadas en los vasos de oro estauan por adorno dellos: y asi por causa del oro el como el principal trahe a si lo accessorio de las piedras.

Desta.

¶ *Deſta reſpueſta ſe pueden inferir eſtas ſentencias.*

Cum quid eſt propter aliud conſideratur id propter quod eſt.

Omnis actus a fine iudicatur.

Finis eſt nobilior his, quæ ſunt ad finem.

Media ſequuntur naturã ſui finis, & ab eo regulantur.

Omne genus agit propter finem, & ad eum principalis intentio dirigitur.

Finis eſt primus in intentione, & vltimus in executione.

In omni actu attenditur, quod principaliter agitur.

Quæ ſui natura ſunt ſeparabilia ratione acceſsionis fiũt indiuidua.

Idem iudicamus de augmento, quod de principali.

Aucti & augmenti idem eſt iudicium.

Quod prouenit ad perfectionem alterius non facit per ſe partem, ſed idem corpus reputatur.

Plura diuerſa ſimul iuncta pro vno habentur.

Vbi duo propter vnum, ibi vnum tantum.

Connexorum eadem eſt iuris determinatio.

Acceſſorium ſemper cedit principali.

Voluntas hominis rerum omnium naturam & qualitatem diſponit.

In actibus hominum pretioſiora ſæpe vilioribus cedũt.

Regulariter, dignius & pretioſius minus dignum ad ſe trahit, niſi dignus acceſſoriè concurrat.

Naturalis rei qualitas non attenditur, ſed rei vſus & deſtinatio.

Propter hominem natura rerum omnium ſpecies comparauit.

¶ Otros muchos exemplos pudiera traer, ſi para doctrina no fueran baſtantes eſtos, deſta forma procurara el eſtudioſo ya prouecto en eſta materia inferir del hecho de la ley, y la razon della muchas concluſiones, y ſentencias vtiliſsimas, para determinar con vna ley mil hechos.

l. ſi vt habiliter. l. ſi quãdo ff de aur. & arg. leg.
l. verum ff. de fur.
2. Phy.
l. orat. ff. de ſponſ.
l. 1. ff ſolut. matr.
l. 1. de execu. rei iud.
l ſi quis nec cauſ. ff. ſi cert. pet.
l. fin. §. fructus. ff. quæ in frau. cred.
l. cũ fundus. ff. de leg. 2.
l. 3. ff. de iur. dotiũ
l genera ff. ad exhibendum
l. ſed & ſi plures. § fin. ff de vulg.
l. quo minus. ff. de flum.
Ca. transl. de cõſt.
Ca. acceſſoriũ, de reg. iur. in 6.
l. villæ. §. ſi ff. de fundo inſtructo.
§. præterea v. quin etiã, inſti. de acti.
§. ſi maligna inſtituta, de rerũ diui.
l ſi qui. ff. de aur. & argento leg.
l. in pecudũ in fin. ff. de vſu.

De la razon, porque los Iurisconsultos procedieron mas por hechos, que por reglas generales.

Cap. XVI.

POR dos razones pienso que los Iurisconsultos, procedierõ en la doctrina dela Iurisprudencia; enseñandola por terminaciones de los casos, y hechos particulares, que succedian, y no por reglas vniuersales: porque quitado el titulo *de regulis iuris*, todo el demas resto del derecho son casos de successos particulares. Lo vno porque solamente se llamauan Iurisconsultos aquellos, a quien los Cesares dauan facultad de responder en derecho: y a estos les era forçoso responder a todas las questiones, de que eran consultados: que por esto se dezian *Iurisconsulti*. Y estas questiones no se proponian de materias generales, sino particulares del hecho especial, que a cada vno le succedia. Y esse hecho particular era el que determinaua el Iurisconsulto; porque cada vno pide consejo en su caso proprio, y no en el ageno. Y el Iurisconsulto responde a lo preguntado prudentemente, que por esto se dizen sus opiniones, Prudentum responsa.

l.2.ad fin.ff. de regul.iur.

l.præses.C.de seruit.& aqua.

§.Responsa.instituta de iure natu. l.si ex plagis.§.in cliuo.ff.ad l.Aqu. l.interpositas. C. de transactio.

La segunda razon es, porque todo el Derecho consiste en hecho, y qualquier pequeña variedad de hecho, varia tambien el Derecho; pues para que en tan vtil y necessaria arte se diessen preceptos certissimos, se reduxo el derecho no a reglas generales, sino a particulares determinaciones de especies, de hecho, y la variedad de hechos hizo tan esparzidos los volumines de los Digestos,

l.2.§.sed quia diuinæ.C. de vetere iur.enu.

stos, que si se estrecharan a reglas generales, fueran mucho menores; pues como la naturaleza cada dia produzga nueuas formas, y los hombres nueuos pleytos, no fuera tan facil dar regla vniuersal para todos, como procediendo por los casos particulares, como le parecio a Neracio. Y por esta razon dixo Vlpiano, que toda diffinicion era en Derecho peligrosa; y pocas vezes no subiecta a subuersion. El qual entendio de aquellas diffiniciones, que se dan por modo de regla, como lo enseña el titulo, en que està situada la ley, *omnis diffinitio*, donde lo dixo. Pues que sean peligrosas las reglas en Derecho es manifiesto; porque las reglas han de ser vniuersales, y para quitarles el ser vniuersales basta dar vna instancia de vn caso, que no lo comprehendan. Pues quien negara que las excepciones, y falencias vician las reglas? Pues la humana fragilidad, que otra cosa haze sino produzir variedad de hechos, y diuersidad de circunstancias, que son las que forman las instancias, y excepciones? A esto se allega la obscuridad de la generalidad: la qual aborrecen las leyes en gran manera. Porque como la ley no dessea otra cosa mas, que claridad, y de lo general las mas vezes nazca incertidumbre, parecio ser mas vtil applicar vna ley a cada causa.

In l. pen. ff de impe. in reb. dota factis.

In l. omnis diffin. ff. de reg. iur.

l. Imperator in fi. ff. de ind. adiect.

l. regula. §. fin. ff. de iur. & fact. ign.

l. si equi xx. §. vtrum. ff. de rebus dubijs.

l. 1. ff. de re iur.

d. §. sed q. diuinæ.

§. illud autem in proœmio. ff. ff.

Pues como nosotros veamos, que todas las artes constan de preceptos generales, y que qualquier sciencia pende, no del conocimiento de cada cosa, sino del vniuersal modo, estudio y trabajo sera, de tantos casos singulares sacar preceptos generales, reduziendo a breue methodo, y arte el Derecho Ciuil disperso por tantas especies, è indiuiduos.

l. leges. C. de legib.

l. ita fidei ff. de iure fisci.

§. aliud Institut. quib. mod. test. infir.

§. his igitur instit. de inst. & iur.

(?)

De los lugares communes, y su modo de arguyr.

Cap. XVII.

DOS cosas son precisamente necessarias en la Iurisprudencia, para entenderla con perfection. Vna es los lugares communes para arguyr, y la otra los lugares, donde se tratan las materias. Con los lugares communes se exercita el entendimiento, y los de las materias ayudan a la memoria. Ninguna sciencia tiene necessidad de tanta agudeza de ingenio, como la Iurisprudencia: la qual trata de las partes de la justicia, que conseruan la humana policia, donde vnas vezes se juzga por el rigor del Derecho; y otras templado con equidad, donde los dichos, y los hechos de los hombres se determinan por peso y medida, consideradas las circunstancias de la causa, persona, lugar, tiempo, cantidad y successo dellas, donde ninguna cosa se ha de hazer por amor, odio, ni interes, sino por juyzio recto de buen varon: pues los lugares communes auiuan vehementemente el entendimiento, guiandolo al camino derecho de la verdad: porque offreciendose vn caso no determinado por ley, porque las leyes no pueden cõprehender todos los casos, aqui es necessario el braço seglar del ingenio: el qual si con methodo y arte no se adereçasse a la luz de la verdad, facilmente se confundiria con la nouedad del hecho. Por esto dezia Paulo de Castro, que era de miserable ingenio el abogado, que no sabia determinar las questiones, en que no halla ua ley. Pero el ingenio estudioso, que pretende librarse de tal miseria, acojase al sagrado de los lugares communes, dõde confiriendo el hecho cõ ellos, y ajustandolo con

l. aut. facta. ff. de pœnis.

l. cæteræ. ff. fam. hercis.

l. fideicommissa. §. quamquam. ff. de leg. 3.

l. non possunt. ff. de legibus.

Paul. in l. Clodius circa fin. ff. de acquir. hæred.

lo con el lugar, con quien mas ſe proporcionã las leyes hechas para otro caſo, o la razon dellas, aplica al hijo, argumentando vnas vezes *ab, abſurdo vitando*, otras *ab iden titate rationis*, otras *â ſimilitudine facti*, otras *ab ſpeciali*, otras *ab oppoſito*, y otras a *ceſſante ratione*. No ignorando que toda la fuerça de las leyes eſta en inducion, y aplica cion. Y para que eſta doctrina ſea mas clara pondre dos exemplos. Y el vno ſea deſta queſtiõ, ſi es licito al actor auiendo ſuſpendido el juyzio de la propriedad, intentar el poſſeſſorio adipiſcendæ; la qual ſe reſuelue per locum ab ſpeciali. Porque ſi eſte remedio, o priuilegio eſ pecial, ſe concede al deſpojado, que intento primero el interdicto recuperandæ, claro eſta, que en los demas caſos eſtara denegado.

L. non ſolum §. qui primi pilum ff de excu. tuto.

Clement. vica de cau. poſſ. & proprieta.

Sea el ſegundo exemplo deſta duda. Si el hijo que es heredero neceſſario a ſu padre, fuere inſtituydo por el, y el hijo ſe abſtuuiere de la herencia, ſi ſe deueran los legados, alomenos por ſer heredero forçoſo. A lo qual tãbien ſe reſponde per locum ab ſpeciali. Porque ſi es particular priuilegio de la libertad, que aunque ſe abſtenga el hijo de la herencia de ſu padre ſe dauan las libertades: fuera deſte caſo eſtara prohibido. De aqui ſalio el axioma.

L. 1. §. qui ſunt ff. ſiquis omiſſa.

L in fin. ff. vt in poſſ. legat.

Caſus exceptus firmat regulam in contrarium. Y el otro. *Quid ſpeciale in vno probat ius commune incontrarium,*

L. ex eo ff. de teſtibus.

Los lugares communes de arguyr ſon eſtos *ab abſur do vitando*, en el qual ſe arguye aſsi, en qual acto ſe ha de hazer tal interpretacion, que ſe euite el abſurdo.

L. 1. ff. ad municipa.

l. nam abſurdũ ff. de bon. libert.

Ab *adiectiuis ſic*, quando preceden dos ſubſtantiuos.

l. extat, vbi Bart. ff. quod met. cau.

El adiectiuo preſente mira al vno, y al otro.

Ab adjunctis ſic, por razon del adjuncto ſe concede lo que aliás no ſe concediera.

l. interdum. ff. de aqua plu.

Ab adæquatis ſic. De las coſas igualadas, es vna miſma la diſpoſicion.

l. 1. ff de leg. 1.

l. ſi hæredi ff. de cond. & inſt.

Ab aduerſatiuis ſic. La diction aduerſatiua en he-

l.1.ff.de rebus dubijs.	cho,o en derecho siempre contradize lo precedente.
l.si in rem in princ.ff. de rei vind.	Ab alternatiuis sic, La diction alternatiua siempre se pone entre cosas iguales,o poco differentes.
l.2.ff.de iur.omnium iud.	Ab abstractis & cōcretis sic. Las palabras de las leyes no se hā entēder enel abstracto, sino enel cōcreto.
l.veteres ff.de intent.actus prin.	Ab antecedēti,concesso vel remoto sic. Cōcedido el antecedēte,se cōcede la cōsequencia:y remoto el antecedente se remueue la sequela.
l.certi §.si nummos ff.si certū pet.	Ab assuetis sic. Lo q̄ se acostūbra a hazer,facilmente se presume.
l.septima ff.de statu hom.	Ab autoritate sic, La autoridad de los peritos en su arte se ha de seguir.
l.ligni in fin.ff.de leg.3.	A causa sic, La causa mas propinqua se ha de atender,no la remota.
l.suus.quoque ff.de hær,instit.	A causato sic, Mas fauorable es lo causado de propinquo,q̄ de remoto.
l.Gallus §.ille casus ff.de liber. & posthum.	A cōbinatione duarū legum,sic, De dos leyes juntas se infiere biē vna determinacion.
l.neque natales C.de probat.	A cōmuniter accidentibus sic. De lo que communmente succede se saca presumpcion de verdad.
l.quæ religiosis ff.de rei vind.	A cohærētibus, sic, Las cosas connexas con otras, se presume ser de la calidad de las cosas, con quien estā contiguas.
c.1.de consecrat.lib.6.	A conjunctis sic, En las cosas conjūtas no se atiende al orden.
l.quidam test.ff.de peculio lega.	A cōnexis sic, De las cosas connexas vna misma es la regla.
l.cum actū ff.de negot.gest.	A contrarijs sic, De los contrarios es vna misma doctrina.
c.translato de const.	A cōtrario sensu sic, De lo dispuesto en vn sentido, arguye lo contrario en

en el sentido contrario.

A contento & continenti sic, Destruyendo el que contiene, se destruye todo lo en el contenido. *Glos & DD.in rubr.ff.de acquirend.posses.*

A copulatiuis sic, La diction copulatiua siempre se pone entre cosas diuersas. *l.1.vbi DD.ff.de offi. eius cui man.iuris.est.*

A correlatiuis, sic, Lo dispuesto en vno de los correlatiuos, se dispone en el otro. *l.si nemo ff.de test.tutela.*

A correspectiuis sic, Los actos, q̃ se hazē immediatamēte se presumē ser respectiuos los vnos de los otros. *Glos.& DD.in rub.ff.de iuris & fact.ign.*

A consecutiuis sic, De las cosas, que vienen en consequencia, no se haze consideracion. *l.fin.ff.de accept.l.fin. C. de indi. viduit.tollend.*

A concursu pluriũ sic, De muchos, q̃ cõcurrē se augmēta el effecto. *l.si ventris § fin.ff.de priu. ered.l.lecta ff.si cert.pet.*

A consequenti dato, vel destructo, Puesto el consequēte, es puesto el antecedente, y destruyda la consequēcia, es lo mismo del antecedēte *l.1.ff.de aut.tut.*

A diuersis sic, De cosas diuersas no se saca la illacion. *l.1.vbi Bal.C.de fidei com.*

A diuersitate rationis sic, La razõ diuersa ha de reformar el acto. *c.innotuit de elect.*

A diuersitate loci, vel tēporis sic, En los actos reiterables la diuersidad del lugar, o tiempo arguye diuersidad de hecho. *l.illud ff.de acquir.hær.*

A destinatis sic, En las vltimas voluntades lo destinado para tal cosa se tiene por la tal cosa. *l.apud antiquos C.de furtis.*

A diffinitione sic, Toda diffinicion ha de comprehender la naturaleza de la cosa, que diffine. *l.Pap.ff.de min.*

Ab effectu sic, La causa se concede del effecto. *l.interpositas C.de transact.*

l. nunquam plura. ff. de priu. delictis.	Ab æquipollentibus sic, Entre las cosas equipolentes es vna misma disposicion.
e seruos ff. de liber. cau.	Ab euentu sic, El estado dudoso de vna cosa, se declara por el successo del.
l. 1. §. dolum ff. de dolo.	Ab extremis sic, Probados los extremos presumense los medios.
l. non codicillum C. *de test.*	A fato sic, El acto fatal no releua a la gente
l. fidei com. §. huius ff. de leg 3.	A fictione sic, Lo mismo obra la fiction, que la verdad.
l. iure nostro §. fin. ff. de testam. tut.	A fine sic, Todo acto se juzga por el fin.
l. sicut §. non videtur. ff. quibus mod. pig. vel. hy. soluitur.	A forma, sic, Lo forma es de essencia de la cosa.
l. 2. in fin. ff. de cond. & demonstr.	A genere sic, Tāto obra el genero en su genero, como la especie en su especie.
l. 1. ff. de adoptio.	A geminatis sic, Las palabras duplicadas hazen mas fuerte la disposiciō.
l. rem non nouam C *de iudic.*	Ab habilitate sic, Quādose duda, principalmente de vno presuponese, que los demas son habiles.
l. Iul. ff. ad exhibend.	Ab habitu & priuatione sic, Todi priuacion presupone habito.
l. sic borus in principio ff. de leg. 3.	Ab incedēti vel emergēti sic, Muchas cosas se permitē incidētemēte, q̄ se deniegā principalmente.
l. Ballista ff. ad Trebelia.	Ab incertis sic, Por razō de la incertidumbre se permite alguna cosa,
l. sciendum ff. de manu. testam.	Ab inclusione vnius sic. La inclusion de vno, es exclusion de otro.
l. decem ff. de verborum.	Ab indiuiduis sic, El q̄ haze solamēte vna parte del indiuiduo no haze nada.
l. quoties quæstio C. *de indic.*	
l. 1. C. *de pactis.*	Ab indifferentibus sic, Los actos indiffe-

differentes se han de interpretar en la mejor parte.

Ab impossibili sic, Ninguno esta obligado a lo impossible. *l. cum prætor. ff. de iudicijs.*

Ab indiffinitis sic, La oracion in difinita equipole a la vniuersal. *l. furiosus cum gloss. C. qui testam. fac. poss.*

Ab infinitis sic, La infinidad se ha de euitar. *l. cum creditor ff. de furtis.*

A limitatis sic, La causa limitada produze effectos limitados. *l. siquis in graua. in principio vbi Bart. ff. ad Syllania.*

A loco & locato sic. Todo lo destinado a lugar ha de ser proporcionado con el lugar. *l si ita relictum. ff. de leg. 1.*

A materia sic, La materia, y lo materiado son diuersos y assi no se infiere del vno al otro. *l. fin. C. de sacrosanctis.*

A maiori ad minus sic, Al que se concede lo que es mayor tambien se concedera lo que es menor. *l. in agris ff. de acqui. rerum dom.*

De minori ad maius sic, A quien se deniega lo que es menos se deniega lo que es mas. *l. litera §. fin. ff. de auro & arg. leg.*

A minimis sic, De las cosas pequeñas no se haze cuenta. *l si conuenerit §. penultimo ff. de pign actione.*

A medijs sic, En las cosas dudosas se ha de elegir vn medio camino. *l. filius fam. § fin ff. de donat.*

A mixtis sic, En las cosas fauorables el el caso mixto se comprehende en el simple. *l. qui endignus ff. de senat.*

A modo sic, Donde se considera el modo no se admite equipolente. *l. Scio ff. de in integ. restitutione.*

A natura sic, Lo natural no se muda por el Derecho ciuil. *l. Antiqui ff. si pars hæred. pet.*

Ab arte sic, El arte imita a la naturaleza. *l. si ita scriptum ff. de lib. & posth.*

Ab accidẽtibus sic, Los accidẽtes mudan la naturaleza del subjecto. *l. qui hæredi. ff. de cond. & demõst.*

Ane-

§.sed naturalia.instit.de iure nat.	A necessitate sic, La necessidad no se subjecta a la ley.
§.minorem instit.de adopt.	A necessarijs sic, La omission de las cosas necessarias vicia el acto.
l. naturalem §.apum ff. de acq. re.dom.	A nomine sic, El nōbre no ha de ser consequencia de la cosa.
l. vt gradatim §. 1. de mun. & hon.	A numero sic, La pluralidad se contenta con el numero de dos.
l.testam.C.de testam.	Ab obliquis, Muchas cosas se conceden obliquamente, que directamente se niegan.
§.est & aliud.instit.de donat.	Ab oppositis sic, De las cosas opuestas es vna misma la disposicion.
l.vbi numerus ff.de testibus.	Ab ordine, La postrera de la orden vicia el acto.
L.1 ff.de auto.tutorum.	A principio, El principio de qualquiera cosa es la mas principal parte suya.
l.& si contra ff.de vulga.	A parte, & toto, El mismo derecho es de la parte quanto a la parte; que del todo, quanto al todo.
l.prolatam C.de sent.	A presupposito, faltādo el presupuesto, falta la disposicion.
l.1.ff.de orig.Iur.	A proposito. La voluntad, y el proposito distinguen todos los actos.
l.quæ de tota ff.de rei vind.	A potentia, El acto y la potencia no pueden estar juntamente.
l generaliter §.si quis tutorem ff. de fidei comm. libert.	A propinquis, La causa propinqua se atiende mas que la remota.
l qui iniuria ff.de furtis.	A perplexis. En las cosas implicitas, y perplexas, las reglas del derecho son falaces.
§.sic itaque discretis.instituta de actionibus.	A priori, & posteriori. El que primero es en tiempo, es muy mejor

en

en derecho.

A puris & purificatis. De lo puro, y de lo purificado, es vna misma regla.	*l. si plures §. in arrogato ff. de vulg.*
A qualitate, Sin sujecto no puede auer qualidad.	*l. si Titius ff. de verborum.*
A quãtitate, Sola la quãtidad no haze differencia en la especie.	*l. 4. C. qui potiores.*
A raris. De las cosas raras no se haze consideracion.	*l. potior ff. qui potiores.*
A rationis idẽtitate; Dõde ay la misma razõ ha de auer el mismo Derecho	*l. 1. ff. de hære. vend.*
A ratione cessante, Cessando la razõ de la ley, cessa la misma ley.	*l. fin. ff de fundo instru.*
A remotis, De cosas remotas no nace consequencia.	*l. nam ad ea ff. de leg.*
A separatis, De las cosas separadas no se saca illacion.	*l. illud ff. ad leg. Aqui.*
A singularibus, De cosas meramente singulares no se sigue nada.	*l. adigere §. quamuis ff. de iure patro.*
A simili, De las cosas semejantes es vna misma la doctrina.	*l. non hoc C. vnde cogna.*
Ab especiali; No se tiene considera-cion de lo cõcedido por derecho especial.	*l. Papinianus exule. ff. de mino.*
A sufficienti partitiũ enumeratione, Lo que con todas las partes no se halla, ni parece, consta ser de otro Derecho.	C. *in genesi de electione.*
A subrogatis. Lo subrogado se haze de la naturaleza de aquello, en cuyo lugar se subroga.	*l. fin. vbi Salice ff. de const. pecu.*
A superfluis, En Derecho no, ha de auer nada superfluo.	*l. 4. in principio de fidei. libertate.*
A tali, vna cosa es tal, otra ser tenido, por tal.	*In principio instit. de oblig. quæ ex quasi contr. nas.*
A tacitis, Igual virtud es de lo tacito	*l. siquis eum §. qui iniuriarum. ff. siquis cauti.*

§.1.in principio const.C.	cito que de lo expresso.
Gloss.in l. Marcij ff.de verborum signi.	A taxatiuis, La diction taxatiua no excluye los casos semejantes.
l.cumquid ff.sicertum pet.	A tempore præsenti, Mas vale poco de presente que mucho de futuro.
l. ob æs. vbi Gloss. C. de prædi. min.	A tempore præterito, Las palabras del tiempo passado son negatiuas del presente.
l.cum hi in principio iuncta Glos. ff.de transa.	A futuro, De los futuros contingentes no ay verdad determinada.
§.fuerat Instituta de actionibus. l.venter ff.de acq.hære.	A vero simili, Lo que no es verisimil, no se ha de entender.
c quia vero simile.de præsumptio. l.in causæ ff de procurat.	A variatione, sic, Toda variacion es reprouada.
l. si is qui ducenta §.vtrum ff.de rebus dubijs.	Ab vniuerso, Lo vniuersal, si falta vno, todo se corrompe.
l.qui a patre ff.de acq.hæred.	Ab vnitis, De las cosas vnidas es vno mismo el juyzio.
l si mihi §.in legatis ff. de leg.1.	Ab vltimis, Lo vltimo deroga a lo primero.

¶ Ay otros argumentos, q̃ se infieren de la similitud del hecho, o de razon, y son casi innumerables, y dellos ay libro entero, escripto por Euerardo, donde se podra ver por no traspassarlos aqui.

(i)

De los lugares comunes, donde los Doctores tratan las materias Cap. XVII.

LA memoria, q̃ en el juriſta es la mas neceſſaria parte por el copioſo numero de leyes, y libros de ſu profeſsion la auiua, y facilita mucho los lugares de las materias: porque no pudiendo retener por ſu fragilidad tantas deciſiones de coſas, como cada dia ſe determinan, por lo menos tendra memoria del lugar, donde communmente los Doctores tratan la materia. Exemplo.

Si occurriere caſo *de primo, & ſecundo Decreto* in l. ſi finita §. Iulianus ff. de damno infecto. ſi de Derecho de acrecer; en la l. re coniuncti. ff. de leg. 3. ſi de proteſtaciones in l. non ſolum §. morte ff. de noui oper. nuntiat. ſi de mora in l. ſi inſulam ff. de verborum. Porque lugar commun de la materia ſe dize aquel, donde los Doctores con mas abundante pluma, y mayor aparato trataron la materia: y en eſpecial aquellos lugares donde Bartolo repite mas latamente las leyes de los Iuriſconſultos, y Baldo las de los Ceſares: porque como Bartolo puſo mayor cuydado con repetir las leyes de los ffff. Baldo en interpretar las leyes del Codigo. A Bartolo ſiguieron Angelo, Imola, Baldo, Saliceto, y Fabro, y Corneo. Sabiendo el Iuriſta eſtos lugares ordinarios de las materias, hallara facilmente ſalida a qualquier caſo, que le conſulten. Y Alciato llama de miſerable ingenio aquel que ſe paga mas de los conſulentes, que de las doctrinas referidas por los Doctores en lugares ordinarios. Y ſi quande Caligula amenazo a los Iurisconsultos, de que auia de quemar su immensidad de libros, viera la barbaria de consulentes, que ay agora, bien creo, que hiziera vn sacrificio agradable a Vulcano con que resuscitara la pureza de la Iurisprudencia. Y si Zasio, y Cagnolo se quexa, que la misma peste corria en su tiempo, que hizieran, si vieran el estrago, que hazen en este?

Alciat. c. vlt. paxergon nu. 12. Zasio in Cagno. in l. 2. ff. de orig. iur.

Referire solos cien lugares, que siruan de exemplo de este capitulo, y doctrina, para que el estudioso busque los demas.

Absentiarum materia in l. inter minores ff. de in integrum restitutione.

Actionum vtilium sedes in l. 1. ff. de actionibus & obligationibus,

Actionis negatoriæ & cõfessoriæ in l. si prius ff. de noui oper. nuntiatione.

Alienationis prohibitæ in l. filius fam. §. diui ff. de leg. primo.

Alimentorum in l. Mela. ff. de aliment. & ciba. leg. Arbitrorum, & arbitratorum in l. si quis arbitratu. ff. de verborum & in l. societatem §. arbitrorum. ff. pro socio.

Arbitrarum actionũ in l. in actionibus ff. de in litẽ iur.

Argumentorum in l. conuenticulam C. de Episcopis & clericis.

Argumenti à contrario sensu in l. prima ff. de officio eius.

Breuiloquæ seu reciprocæ substitutionis, in l. Lucius ff. de vulg.

Beneficiorum principis in l. fin. ff. de const. prin.

Calculationis in l. instar C. de iur. fisci lib. 10.

Casuum fortuitorum in l. fistulas. §. frumenta ff. de contrahen. emptione.

Cessionis in l. Modestinus ff. de solutio.

Citationis in l. de vno quoque. ff. de iud.

Ciuiles obligationes in l. Iulianus verum debitorem ff.

de

de cond. inde bi.

Clauſulæ codicillaris in l. 1. ff. de iure cod. & in authenca. Ex cauſa. in fin. C. de lib. & poſth.

Clauſulæ derogatoriæ in l. ſiquis in principio. ff. de legatis 3.

Collationum in authentica ex teſtamento & in l. ſi emancipati C. de collatio.

Collectarum in l. placet C. de ſacroſanctis.

Compendioſæ ſubſtitutionis in l. Centurio. ff. de vulga.

Correctionis in l. ſi vero §. deſidero ff ſoluto matrimonio, & in Autentica, quas actiones C. de ſacro ſanctis.

Conſilij & auxilij in l. furti. §. operis. ff. de furtis.

Contractum ante, vel poſt delectum in l. poſt contractum ff. de donat.

Cumulationis, emendationis, & poſſeſſorij, in l. naturaliter §. nihil commune ff. de acquir. poſſeſsione.

Dationis in ſolutum in l. à D. Pio. §. ſi pig. ff. de re iudicata.

Declarationis in l. idem Pomponius §. fin. ff. de acq. poſſeſsione.

Defenſionis in l. vt vim ff. de iuſt. & iure.

Delaiionum in l. fin. ff. de ferijs, diuidui & in diuidui in l. 4. §. Cato. & in l. ſtipulationes non diuiduntur ff. de verborum.

Diuiſionis in l. qui Roma §. duo fratres ff. de verborum.

Donationis omnium bonorum in l. ſtipulatio hoc modo concepta ff. de verborum.

Doctorum & ſcholaſticorum in l. 1. C. de dignit. lib. 12. & in authentica habita. C. ne filius.

Emptionis fructuum in l. cotem §. qui maximos ff. de publica.

Equiparatorum in l. 1. ff. de leg. 1.

Excuſationis, latiſsime Lucas de Pena in l. 1. C. Decurionibus lib. 10.

Exceptionum impedientium litis ingressum in l. vir bonus ff. de Iud. solu.

Exceptionis de Iure tertij l. 2. ff. de exceptione rei iud.

Exemplis substitutionis in l. ex facto. ff. de vulg. & in l. humanitatis. C. de impub. expensarum litis in l. properandum §. sin. autem alterutra C. de iudic.

Extensionis in l. Gallus §. & quid si tantum ff de liber. & posth.

Famæ in l. de minore §. tormenta ff. de quæ. fictionum in l. si is, qui pro emptore ff. de vsu cap.

Filiationis in l. filium eum diffinimus ff. de his, qui sunt, & in l. si vicinis C. de nuptijs.

Fluminum, & molendinorum, & regalium in l. quominus ff. de fluminibus.

Fructuum in l. in fideicommissaria ff. ad Treb.

Geminationis in l. Ballista ff. ad Treb.

Grauaminis per fidei commissum in l. cum filio familias ff. de leg. 1. & in l. ab eo. C. de fideicommiss.

Homicidij in l. damni §. Sabini. ff. de damno infecto. & in l. 1. C. ad legem Corneliam deficar.

Indefinitæ creationis in l. si pluribus ff. de leg. 2. & in l. Cæsar ff. de publica.

Insinuationis, in l. Modestinus ff. de donat.

Interrogatorum in l. vbicumq; ff de interroga. actio.

Inuentarij, in l. scimus C. de iure delibe.

Inter esse in l. vnica. C. de sententia, quæ pro eo & in l. quatenus ff. de reg. Iuris.

Iuramenti, in l. siquis maior C. de transact. & in authentica sacramenta puberum C. si aduers. vend.

Iuramenti suppletiui, in l. admonendi ff. de iure iurando.

Iuramenti in litem, in l. nummis ff de in litem iurand.

Iuramenti calumniæ, in l. qui bona, §. si alieno ff. de damno infecto.

Iurisdictionum in l. imperium ff. de iurisdictioni

omni

omn. iud.

Latæ culpæ. in l.quod Nerua.ff. depoſiti.

Legitimæ, in authentica, nouiſsima. C. de inof-ficio.

Legitimationis in l. Gall. §. & quid ſi tantum ff. de lib. & poſth.

Modi in l. quibus §. Thermilius ff. de cond. & demonſ.

Moræ in l.ſi inſulam ff. de verborum.

Mortis naturalis, & ciuilis, in l. Gallus §. & quid ſi tantum ff. de lib. & poſth.

Naturalis obligationis, in l.frater à fratre ff. de cond. indib.

Nobilitatis, in l. 1. C. de dignita. lib. 12.

Nominis proprij, & appellatiui, in l.ſiquis in fundi ff. de leg. 1.

Oblationis in l.acceptam.C.de vſuris.

Obligationum facti, in l.ſtipulationes non diuiduntur, ff. de verborum.

Ordinis in l. 2. prius ff. de vulg. & in l. prolatam C. de ſententijs.

Ordines ſucceſsib. Ex teſtamento in l.Gallus.§. quidam recte ff. de liberis & poſth.

Pabuli ſiue pactionis in l.non ſolum. §. ſed vt probari ff. de noui operis nuntiatione.

Pacti de hæreditate viuentis, in l fin. C. de pactis.

Pacti de retro vendendo in l. 2. C. de pact. Inſtr.

Pacti nudi in l. iuris gentium §. ſed cũ nulla ff. de pactis.

Primi & ſecundi decreti l. ſi finita §. Iulianus. ff. de damno. infecto.

Probationum omnium in l.admonendi ff. de iure iur. & in rubrica C. de probatio.

Prodigiorum in l. 1. ſuum ff. de verborum

Protextationum in l. non ſolum §. morte ff. de noui operis.

Pupillaris ſubſtitutionis in l. 2. ff. de vulg.

Quartarum in l.in quartam ff. ad l. Falcid.

Relatiuorum in l. 1. in principio C. de ſumma Trinitate.

Remiſsionis penſionum in l. eotem. §. fin. ff. de publ.

Remiſsionis fidei commiſsi in l. 1. C. de pactis.

Renuntiationis iuris futuri in l. qui ſuper ſtitis ff. de acquir. hæred. l. pactum quod C. de pactis.

Renuntiationis litis in l. poſt quam liti. C. de pact.

Repetitionis dotis conſtante matrimonio in l. ſi conſtante. ff. ſoluto matrimonio.

Sententiæ interlocutoriæ in l. quod iuſsit ff. de re iudicata.

Solemnitatis intrinſecæ, & extrinſecæ in l. ſciendum ff. de verborum.

Suitatis in l. ſuis ff. de liberis & poſthu.

Teſtamenti inter liberos in l. hac conſultiſsima. §. ex imperfecto C. de teſtam.

Teſtamenti ad pias cauſas l. 1. C. de ſacroſanctis.

Tranſmiſsionis l. ſi infanti C. de iure delib.

Valoris, & augmenti monètæ in l. Paulus ff. de ſolutio.

Variationis in l. de rebus, ff. rerum amotarum.

Verborum enuntiatiuorum in l. ex hac ſcriptura ff. de donationibus.

Vſurarum in l. curabit ff. de actio. emptit.

Vulgaris ſubſtitutionis in l. .. ff. de vulgari.

Otros innumerables lugares de las materias aſsi del Derecho Canonico como del Ciuil podia multiplicar, ſino fuera apartarme de mi inſtituto, que aſsi referi ſolo eſtos ciento por exemplo para que el eſtudioſo junte y buſque muchos mas.

(·:·)

De los

De los errores de los interpretes en la inteligencia de las leyes.
Cap. XX.

LOS Glossadores de las leyes en la intelligencia dellas han incurrido en algunos errores haziendolas mas difficultosas con sus varios entendimientos, no teniendo difficultad, y siendo facil expedicion. Los exemplos lo diran mas claro y sea el primero vna respuesta de Iaboleno Iurisconsulto, en ella pusieron los compiladores de los ff. a la letra toda su decision confutando la opinion de Labeon, y vltimamenre defendiendo el parecer de Iaboleno confirmado con el de Paulo y Proculo contra la opinion de Labeon. Acursio entendiendo que las leyes de los Iurisconsulto llegauan a nuestras manos en aquel orden, y con aquella entereza, conque salieron de las suyas ignorando, que aquellos esclarecidos varones, a quien Iustiniano Cometio la reformacion del Derecho, compilaron las leyes, en la forma, que las tenemos desmembrandolas de las respuestas de los consultos, sin atender a los tiempos ni edades de sus autores, para que regulados por ellas los antepusieran o pospusieran los modernos a los antiguos, si no teniendo respuesta solo a la congruencia de las materias, y verdad de la doctrina, se fatigue mucho en esta ley, vnas vezes entendiendo, que Iaboleno habla de si en tercera persona, otras diziendo que la ley es de Neracio, que refiere el parecer de Iaboleno y nunca se acaba de explicar, y entender q̃ aquellas palabras no son de Iaboleno, sino de los cõpiladores de los Digestos, cuyo instituto fue transcriuir las leyes q̃ fuessen mas perfectas, y comprobadas con voto de mas autores, entresacando de los fragmentos, y opusculos de Iuliano, Marcelo, Paulo, y Vlpiano las mas conuenientes resoluciones, donde nace que la ley de Vlpiano hable contra Modestino, la de Labeon contra Iaboleno, la de Papiniano contra Paulo, y la de Marcelo contra Vlpiano, siendo mas antiguos, que ellos. Y los interpretes no aduirtiendo que este orden de leyes es de los compiladores, creyendo, que es del mismo autor, de quien se intitula, dizen que la ley o esta mal scripta, o que el autor della hablo de si en tercera persona. Porque como auia de citar Neracio a Iaboleno, y este a Paulo, no auiendo precedido Iaboleno a Neracio, y auiendo oydo Paulo a Iaboleno, estando ya decrepito? Porque Neracio florescio Imperando Trajano, y Iaboleno llego hasta el Imperio de Pio, y en el Imperio de Alexandro fue famoso Paulo.

In l. 1. in fine ff. de officio eius, cui man. est iuris dictio.

El segundo Exemplo sera de vna respuesta de Papiniano, donde los compiladores añadierõ estas palabras. *Paulus notat & imperium quod iurisdictioni cohæret mandata iurisdictione transire quod & verius est.* Papiniano florescio en el tiempo de Seuero, y fue muerto por Basiano; y su discipulo Paulo, en el imperio de Alexãdro. Los interpretes aqui inciden en el mismo error, que Acursio en el Exemplo passado, por no tener memoria de la traça, e industria q̃ tuuierõ los cõpiladores en adaptar los fragmentos de los Iurisconsultos anteriores a los posteriores. En la ley. Siquis vinum, con las dos siguiẽtes, fue preguntado Vlpiano, si vn testador mandasse su vino annejo, que vino se comprehendia en este legado? Los compiladores resoluieron esta question de Vlpiano con vna respuesta de Neracio tan ajustada a este hecho, que parece que respondio a su pregunta, siendo Neracio mucho tiempo antes de Vlpiano. Y en la ley. Item si suspectus, accomodaron los compiladores de tal suerte la doctrina de Cayo, y Vlpiano con la

ff. de tritico vino que legato.

ff. de procuratoribus.

con la de Paulo en vna deciſion, que parece, que todos tres floreſcieron en vn miſmo tiempo. Con eſta doctrina ſe entiende la ley, *ſi is qui*, tan eſcabroſa como implicita: la qual fue hecha de varias reſpueſtas de Conſultos; de que no es pequeño argumento eſtar ſin author cierto atribuyendola vnos a Cayo, otros a Paulo. Y con tener la controuerſia de Iuliano y Marcelo tan obſcura y perplexamẽte; que eſta en duda, qual de las dos opiniones ſe prefiere, y ſi en el fin de la ley es la oracion afirmatiua, o negatiua. Y quanto ſe ayan canſado en ſu interpretacion los Doctores por ignorar los años de los Conſultos, ninguno medianamente docto lo ignora: porque aprueuan la opinion de Iuliano contra Marcelo diziendo, q̃ con razon lo refuta, ſiendo mucho mas moderno Marcelo que Iuliano, pues eſcriuio deſpues del, porque Iuliano fue contemporaneo a Adriano, y Pio Emperadores, como refiere Pomponio, Marcelo lo fue de Seuero. Y con la miſma ceguera anduuieron Bartolo, Baldo, Paulo, y otros in l. fi. C. de inſtit. & ſubſtitutio. Donde Bartolo niega auer ignorado Papiniano la ley precibus. C. de impub. & alijs, que fue de los Emperadores Diocleciano, y Maximiano dando a entender, que viuio deſpues dellos, y Paulo de Caſtro, in l. fi. es de otro parecer bien diuerſo diziendo, que Papiniano florecio en el Imperio de Auguſto Ceſar, y que fue muerto por Marco Antonio, que ſon coſas ridiculas, y indignas de la authoridad de tan graues autores. Otros muchos errores podia moſtrar que refieren Bolognino Budeo, y Zazio, Alciato, y Gregorio Holoander, que por no ſer de mi propoſito paſſo en ſilencio, contento con eſtos pocos, para comprobacion de eſta doctrina. Solo amoneſto a los Iuriſtas vna, y muchas vezes, que para no incidir en eſtos errores ſepan mucha hiſtoria, y particularmente las vidas de los Iuriſconſultos, ſus edades y tiempo, en que floreſcieron, leyendo a Põponio, Tiraquelo, Plutarco, Pomponio Leto, Euſebio Paulo Horoſio, Lampridio, Volaterrano y otros.

l. apud Iulianum. 3. ff. de hære. inſti.

l. ſi fundum. ff. de leg. 1.

Pomponio in l. 2. ff. de orig. iur.

De los errores de las leyes por descuydo de los Impressores.

Cap. XXI.

MVCHOS errores se hallan en la estampa de las leyes por culpa, y descuydo de los impressores: los quales han procurado corregir Accursio, y otros Doctores con ridiculas enmiendas. Dellos se ha de huyr tanto como del mismo error. Y para mayor noticia dellos referire algunos exemplos. Y sea el primero de Pomponio in l. traditio. ff. de actio. empti. de cuyo principio toda via dudan los Doctores. Vnos dizen, que se ha de leer, *ratio*, otros *datio*, siendo falsa la vna y la otra lectura: porque no es frasis de Iurisconsultos dezir *ratio possessionis*, ni *datio possessionis*, sino *traditio possessionis*, como se ve claramente, por la letra de la ley que es esta.

Traditio possessionis, quæ à venditore fieri debet, talis est, vt si quis eam possessionem iure auocauerit tradita possessio non intelligatur.

Y assi las Pandectas, que comiençan la ley, por traditio estan verdadera, y las que por *ratio*, ò *datio*, no son ciertas. La razon de este error fue, que antes de la estampa, quando los libros andauan manuscriptos, se occupauan muchos en su escriptura dexando en blanco la primera letra de cada ley, para que el comprador segun su curiosidad la pusiesse, ò adornada, ò del color de su gusto. Pero auia algunos tan poco curiosos, que las dexauan en blanco, como las cõprauan. De donde nacio la confusion de los modernos: los quales confiriendo vnos con otros sus Pandectas para poner las primeras letras a las leyes, andauan varios, como en

esta

esta ley. Vnos dezian ha de dezir *ratio*, otros *datio*, y otros *traditio*, y algunos añadian, por vna dos, y otros las quitauan entrambas. Desto son buen argumento muchas leyes, cuyos principios oy estan dudosos, como la de Modestino in l. iam hoc iure. ff. de vulg. Donde algunos quisieron, que se leyera. Nam hoc iure, si bien sea la primera lectura mas recebida. Y en la ley 1. ff. si certum petatur, no ha sido pequeña la controuersia sobre si se ha de leer, *è re est*, ò *bene est*. Y algunos interpretes han soñado que ha de dezir *de hære*. Pero estos errores son tan pequeños, que el entendimiento del texto no tiene difficultad con la vna, o otra lectura. Pero quando el error puede peruertir el sentido de la ley, entonces sera pernicioso tener los libros mendosos, como en la ley, quemadmodum. ff. de acquirenda possessione, en la qual ha de preceder vna negatiua al principio subtrayda por descuydo de la estampa, porque se ha de leer asi.

Non quemadmodum nulla possessio acquiri, nisi & animo & corpore potest, ita nulla amittitur, nisi in qua vtrumque in contrarium actum est. De otra suerte se daria, en vna regla tan clara de Derecho vna repugnancia tan euidente, que solo Dios la puede dissoluer; Y es frasis tan ordinaria, como elegante de los Iurisconsultos, negando la similitud ò comparatiuo dissoluer las tacitas objectiones. De esta doctrina nos dara exemplo Iaboleno Preceptor de Paulo in l. non quemadmodum. ff. de iudic. cuyas palabras son estas: *Non quemadmodum fideiussoris obligatio in pendenti potest esse, vel in futurum concipi; ita iudicium in pendenti potest esse.*

Pues quiten a esta ley la negatiua del principio, y daran todos los interpretes en la confusion de Babylonia, adiuinando lecturas. Otro exemplo pone Iaboleno in l. si ita fideiussorem. in fine. ff. de fideiussorib. por estas palabras. *Non vt æstimatio rerum, quæ mercis numero habetur in pecunia numerata*

rata fieri potest, ita pecunia quoq; merce æstimanda est. Y cada passo se topan otros muchos similes.

Ay otro error de los escriuientes, que quando no entiendẽ el alma de vna ley, hazen vn parto supuesto de de vna palabra, por otra: y donde ha de auer oracion negatiua, la ponen affirmatiua. Como *in l. re coniuncti*. ff. de legat. 3. donde ha de auer negatiua, leyendose ansi, *& magis est vt nec ipse præferatur*, cuyo sentido es consentaneo a razon, y se confirma por muchas leyes. Del mismo pie coxea la ley, si quis quoniam. ff. de diuersis præscript. La qual si se lee affirmatiuamente, ex diametro contraria à Papiniano in l. fin. ff. de vsucapionibus, y se da occasion a los Doctores a pensar mil cosas, para concordia dellas, teniendo como tienen entrãbas leyes vn mismo hecho, vnas mismas palabras, y la vna de Marciano, y la otra de Papiniano su Maestro, y tan grãde, que no se ha de presumir se quisiesse apartar de su opinion. Y assi para conuenir al discipulo con el Maestro, se ha de leer la ley, si quis quoniam, con negatiua, que diga assi: *si quis quoniam in fluminis publico diuerticulo, solus pluribus annis piscatus sit, alterum, eodem iure vti non prohibet*. Desta misma classe son la ley, si is qui pro emptore. ff. de vsucapionibus, y la ley pater familias, versiculo idem in substituto. ff. de priui. cred. en las quales traẽ competencia Bartolo, y Baldo, sobre, si aquel versiculo. *idem in substituto filio hærede seruandum non est*, si ha de ser esta affirmatiua, o negatiua.

Y la misma controuersia ay en la ley si certarum. §. si eod. in principio. ff. de milit. testamento, donde los interpretes defienden entrambas lecturas ingeniosamente. Ay otro error, y es el mas ridiculo de todos, en que tienen parte los escriptores, y parte los impressores. Los interpretes engañados, pẽsando, que algunos de los Cõsultos hablando de si mesmos hablan en tercera persona, cosa bien fuera de sus frasis, y estylo de hablar. Y la causa de este error fue de entender, que las leyes de los Consultos llegauan a nosotros tan puras, è intactas como samo ſalieron dellos: porque no las tenemos con la integridad, que ellos las eſcriuieron, ſino deſmembradas, ſino cõpueſtas y accomodadas a las materias, y queſtiones por induſtria y arbitrio de los compiladores. Dõde reſulta, que las opiniones de Vlpiano y Paulo, que ſon los mas modernos Conſultos parezcan, q̃ hablan aprobãdo, o reprobãdo las opiniones de los Cõſultos mas antiguos; y por el contrario que ſe traygan opiniones de Conſultos modernos para confirmacion de los antiguos: coſa que como tan repugnante hazia titubear a los interpretes, y venir á dezir que los Conſultos hablauan de ſi en tercera perſona, no ſiẽdo palabras ſuyas, ſino de los compiladores, que ordenando la ley de fragmentos, y pedaços de varios autores, tomando de cada vno lo que hazia mas a propoſito de la materia, ſin tener reſpecto al tiempo, ni edad de los Iuriſconſultos.

La otra parte de culpa, que es los Impreſſores nace de attribuyr la ley de vn Conſulto a otro, eſcriuiendo la que es de Vlpiano a Papiniano. Y como en el cuerpo de la ley ſe haga memoria por otro autor de Papiniano, pienſan los interpretes, que Papiniano habla de ſi en aquella ley en tercera perſona. Con eſte exemplo lo dire mas claro. Vlpiano in l. Papinianus diuortio. ff. ſoluto matrimonio, refiere, que fue opinion de Papiniano, que hecho diuorcio entre los coniuges, la diuiſion de los fructos no ſe auia de hazer deſde el dia del arrendamiento, ſino teniendo conſideracion al tiempo, que duró el matrimonio. Eſta ley ſe intitula injuſtamente de Papiniano, ſiendo original de Vlpiano. Y a eſte error dio cauſa referir Vlpiano en el exordio de la miſma ley el nombre de Papiniano. Y como los Impreſſores vieron a Papiniano por cabecera de la ley, entendiendo, que era ſu author ſe la aſcriuieron. Y el fin de la ley fauorece mas eſta lectura; porque en el ſe haze memoria de Pomponio, el qual fue diſcipulo de Papiniano: y ſi fuera ſuya la ley, no auia de citar el Maeſtro a ſu diſcipulo, para comprouacion de ſu doctrina.

ctrina. Esto he referido con mas prolixidad, que fuera justo para que los estudiosos modernos huyan de los errores, en que cayeron los antiguos.

Del modo de passar:

Cap. XXII:

DESPVES, que el estudioso Iurista vuiere nauegado el tiempo de sus cursos por el pielago de la Iurisprudencia, guiada el aguja de su ingenio por el Norte de estos discursos, y recebido el laurel de su grado victorioso de la ignorãcia, aun no llega al puerto de su derrota, solamente toca en buena esperança, donde ha de tomar refresco la memoria de las reglas de entrambos Derechos, y titulo de verborum significatione, passandolas por Texto, y Glossa juntamente con los titulos mas fructuosos de la Instituta; passandolas asi mismo por Texto, y Glossa. Y si atancare en alguna dificultad, se fauorecera de Viglio, ò Angelo, porque alentado con este refresco, hara con mas commodidad esta segunda nauegacion. La qual aunque menor en tiempo, es mas laboriosa, y de mas ayrado mar. Pero lleuando por patron a Christo nuestro Señor, y por guia a Maria estrella del mar, alcançara la margarita de la sabiduria legal.

Esta segunda embarcacion es lo que llaman passar, y passar no es otra cosa, que preuenir mas libros para mas estudio: y asi tratare de los libros, y despues del tiempo, y orden del estudio.

Aunque los muchos libros cargã mas el entendimiento, que lo aliuian; pero muchas vezes lo deleyta ver variedad

riedad de ſentencias, principalmente de aquellos, que fueron celebres en ſus facultades: pero el paſſante no ha de eligir mas de aquellos, que fueren mas famoſos entre los primeros maeſtros dela Iuriſprudencia: de los quales Alciato varon docto dio ſu parecer en eſtos verſos:

In iure primas comparatus cæteris,
Partes habebit Bartolus
Deciſiones ob frequenteis actio
Baldum forenſis ſuſtinet.
Non negligenda maxime ex tyronibus
Caſtrenſis explauatio.
Opinionum totius ſymplegadas
Superabis Alexandro duce.
Ordinis Iaſon atque lucis nomine
Videndus eſt properantibus.
His, ſi quis addiderit interpretes
Onerat quam honorat verius.

A eſtos añaden otros Doctos varones a Ioan de Imola meritiſsimo Maeſtro de Alexandro, y Aretino, y a quien dan tercero lugar deſpues de Bartolo, y Baldo; illuſtrò con ſu pluma entrambos Derechos de ſuerte, que lo mas ſelecto que deſpues del eſcriuieron Alexandro, y Iaſon, y los demas modernos, fue desfrutado deſte fructuoſiſsimo arbol: porque fue ingenioſo en conciliar las leyes, y el mas diligente de todos en inueſtigar las razones, y cauſas q̃ es la mayor parte de la ſabiduria legal: y aſsi lo hallo en el Catalogo de otros verſos, que entiendo ſon de Grimaldo.

Iuris Doctorum (ſi quis mea vota requirat)
Ex tota hic numerus claſſe legendus erit.
Bartolus, & Baldus, Paulus Tactagnus Iaſon,
Et gemini reſerans, Imola iuris opes.
Præterea his alios, ſi quis ſuperaddere tentet.
Officiet ſtudijs veriùs ille ſuis.

Por excellẽtes en cõſejos, ha de elegir ſolos quatro, Ancarrano, y Romano: por ſingulares en copia de leyes, y breuedad de palabras, a Alexandro y Decio: por

vtiles

vtiles en juntar communes opiniones de Doctores, no por eſto menoſprecio a Oldraldo, Fulgoſio, Paulo, Corneo, Aretino, Socino, Curcio Senior, y otros famoſos Conſulentes. Pero hago election ſolo de aquellos por mas conuenientes al propoſito que trato. De los Canoniſtas, tendra los Abbades, y Felinos, y dos Summas, la de Azon, y Oſtienſe. Del Reyno las Partidas con la gloſſa de Gregorio: la nueua Recopilacion, Matienço ſobre el quinto della, y Antonio Gomez ſobre las leyes de Toro.

Quanto a lo ſegundo del tiempo, y modo de paſſar referire dos, vno ſummario, y otro ordinario. El primero es del Doctor Nauarro Azpilcueta, el qual pidiendo a vn cauallero que empeçaua a paſſar, que materias eſtudiaria, reſpondio: Abrid las Decretales, y la materia que ſaliere, porque ſea eſta, ò aquella, todo ſe ha de ſaber. Y yo añado, que ſea el eſtudio continuo de cada dia ſin interpolar ninguno; porque es vtiliſsimo no paſſar dia, ſin linea; y en el tiempo no pongo limite, ſino todo aquel, que tuuiere guſto de eſtudiar, dexando el eſtudio en dandole faſtidio; porque el entendimiento es noble, y no da nada por fuerça, y lo que eſtudian con ella no le ha de aprouechar conforme al adagio,

Tu nihil inuita facies diceſve Minerua.

El ſegundo modo, es el ordinario de Salamanca, eſtudiar cada dia ſeys horas, dos por la mañana de Digeſtos, dos por la tarde de Codice, y dos por la noche de Decretales.

El eſtudio de la mañana que es el de D. ha de commençar por el viejo, paſſando las leyes mas principales de cada titulo, que ſon las que comprehenden la materia de todo el titulo; las quales da a conocer Bart. que ſon las que llaman ſingulares, y haze ſobre ellas repeticion, o lee largamente viendo primero a Azon ſobre aquel titulo; porque delara en general la materia, y ſubſtancia de todo el titulo; y abre los ojos del entendimiento,

miento, para entender lo particular de las leyes. En llegando a la ley, ò Canon, lo ha de leer de la misma manera y construyr q̃ si fuera vna Epistola de Tulio, y hazer en el todas las diligencias, que dire en el Rudimento duodecimo. Entendido el texto, y su razon de dudar, y decidir por la glossa grande, que los Doctores llaman Magistra; vera a Bartolo los notables que infiere, las oppoliciones, que pone; si son las mismas, que pone la glossa, y si lo fueren, si queda con las soluciones de ella, ò se aparta de ellas, y la razon que da de ello. Y si pareciere al passante, que anda obscuro porque algunas vezes por breue lo es, vera a Paulo de Castro sobre la misma opposicion de Bartolo; porque es como vn tercero nombrado en caso de discordia entre la glossa, y Bartolo, que la opinion con que quedare, y solucion q̃ diere, ora sea de la glossa, ora de Bartolo se ha de seguir. Luego vera por la cõcordata de Ximenez la ley de Partida, que concuerda con la ley, que ha passado, ponderando, si en alguna cosa discorda de la ley ciuil, de lo qual le aduertira la glossa Gregoriana. Y de ella se ha de aprouechar en tres maneras: La primera viendo, si da entẽdimiento a algũ texto de Derecho comun, o del Reyno, y poner en el entẽdimiento sobre el texto, cõ la remission de Gregorio, en el lugar dõde lo da. Lo segũdo verdõde alega a Bartolo, Baldo, Abbad, y como los declara, y poner sobre ellos la declaraciõ, y remissiõ de Gregorio, con lo qual se sabẽ muchos lugares de Bartolo, y lo que se practica de ellos por la doctrina de Gregorio. Lo tercero, si Gregorio refiere alguna opinion encõtrada entre los Doctores, o algũ articulo singular, y practicable, del qual cõuenga hazer memoria, la hara en vn Albeolo blanco, que dire en el documento octauo, poniendo las resoluciones por las letras del A.B.C. con la remissiõ de Gregorio. Tãbien ha de ver la ley, q̃ tuuiere cõcordãte del Ordenamiẽto Real, y sobre ella a Diego Perez, y si ay alguna de Toro; y en ella a Antonio Gomez, y lo q̃ ay innouado por las leyes del Reyno, y es practicable.

Por la tarde passara otras dos horas del Codice, viẽdo primero sobre el, el titulo de Azõ, q̃ presta intelligẽcia para las leyes particulares, y despues dos, ò tres leyes de cada titulo las mas famosas, donde mas latamente repite Baldo, passandolas por texto, y glossa por el mismo orden, y forma, que dixe en los Digestos. En el Codice se han de passar todas las materias de contractos, y encomendar mucho a la memoria, y aun al Albeolo las resoluciones de Baldo, porque todas son practicables.

Ha se de ver assi mismo la ley concordante de la Partida, y sobre ella a Gregorio; porque todas las leyes del Codice estan casi traspaladas en las Partidas aprouechandose de sus leyes, y glossas en las tres maneras dichas, y de las leyes del Reyno, y sus authores.

A la noche ha de passar otras dos horas, las Decretales por texto, y glossa, y Abbad sobre las opiniones, y viendo primero a Hostiense en la summa para tomar general noticia de la materia del titulo, q̃ ha de passar. Despues de passados los titulos mas fructuosos de las Decretales; passara los del libro sexto por texto, y glossa solamente porq̃ es de Ioan Andres, y basta su doctrina, por ser muy buena, haziendo ansi mismo en este estudio las diligencias, que en el estudio de la mañana. No priuandose en ninguna manera de cartapacios, ni lecturas manuscriptas. De las de mas horas del dia gastara las que tuuiere mas gusto, en quatro cosas, ò en las que gustare de de ellas; porque en esto no doy precepto, sino consejo.

El primero es, rumiar, y passar con la memoria por mayor lo estudiado aquel dia, conforme a la doctrina del sexto documento.

Lo segundo sera, encomendar a la memoria las leyes mas singulares, que viere, ò aquellas palabras de la ley que fueren mas notables; porque es gallardia de vn estudiante en buena occasion referir galanamente las palabras de vna ley.

Lo tercero, gastar a algũ tiempo en la lection de los oradores, de los quales como en vna fuẽte natiua se beue lo ue lo mas puro de la eloquencia; aunque la miſma, y ma yor ſe hallara en los Conſultos; pero la variedad agrada, y quando canſare la oratoria, ſe diuertira por la hiſtoria, que es mas agradable y dulce, y no de pequeño ornato, para la Iuriſprudẽcia; aſsi en el hablar, como en el eſcriuir, eligiẽdo los libros, de que mas ſe agradare, ſino fueren de ſu guſto, los q̃ referi en el documẽto ſeptimo.

Lo vltimo, ſi canſado de la lection, quiſiere otro honeſto entretenimiento, no le hallo mayor que la conuerſacion; el qual tuuieron por mas deleytable nueſtros mayores Iuriſconſultos: pues Sabino, Paulo, Vlpiano fueron apaſsionadiſsimos de la lectiõ de Virgilio, y Homero: y Herennio, y Modeſtino, no ſolamente ſe deleytaron en gran manera de leer Poetas, pero ellos miſmos eſcriuieron verſos, de que fueron teſtigos los epitomes, que hizieron en cada vno de los libros de Virgilio, de tan grã donayre, y elegãcia. Pues de la Poeſia de Cayo buẽ teſtimonio tenemos en los Derechos, donde preguntado, ſi los fructos pendientes ſe auian de reivendicar en vna action juntamente, con la miſma heredad, en vn verſo reſoluio la duda.

Fructus pendentes fundi pars eſſe videntur:

Porque ſino quiſiera reſponder en verſo, mas breuemẽte dixera: *Fructus pendentes fundi pars ſunt.* Pues Cyno famoſo interprete de los Derechos, de quien Bartolo tomò muchas, y buenas doctrinas, eſcriuio muchos verſos amatorios, vnas vezes en Latin, y otras en ſu lengua materna, pues Andres Alciato, vencio a Modeſtino en la doctrina de leyes, y dulçura de Poeſia, y tãbien de Iaſon refiere Paulo Iaulo Iouio, q̃ florecio en Poeſia. Y aſsi el curioſo eſtudiãte, q̃ inflãmado de Apolo quiſiere entretenerſe en eſte noble exercicio, no ſe embarace en hazer verſos obſcenos, ò ſatyricos, ſino algun poema honeſto, alabando algun heroyco varon, ò ſingular virtud, ò traduziendo en verſos algunas leyes, ò explicandolos en ellos, como hizieron muchos Iuriſconſultos, y entre ellos Grimaldo, de quien referire algunas por exẽplos.

¶ Frater à fratre cum in eiusdem patris potestate essent pecuniam mutuatus, post mortem patris ei soluit, quæsitum est, an repetere posit, respondi, vtique quidē pro ea parte, qua ipse patri hæres extitisset repetiturū, pro ea vero, qua frater hæres extiterit, ita repetiturum si non minus ex peculio suo ad fratrem peruenisset. Naturalem enim obligationem, quæ fuisset hoc ipso sublatam videri, quod peculij partē frater sit cōsequutus.

¶ Esta ley, como todas las demas del Iurisconsulto Africano se ha tenido por difficil, no solo de entender, pero aū de ponelle el caso: la qual en verso està mas clara, que en el texto, y se percibe con facilidad.

TRactabant gemini diuersa peculia fratres,
Diuisim, eiusdem patris in ditione manentes,
A fratre alter egens, viginti mutua sumpsit.
Hinc naturalis contracta est actio tantum
Mox quæsita patri (ciuilem namque potestas
Patria non recipit) defuncto exinde parente
Partitisque bonis interse æqualiter eius
Alter germano quæ mutua sumpserat æra
Vltro persoluit, credens se iure teneri.
Quæritur, an summam posit condicere eandem,
Vt certè dubium non est concedere posse,
Pro qua parte sui fuit hæres ipse parenti,
Nam quoties nummos credenti debitor hæres
Efficitur (fieri quoniam sibi creditor ipsi
Nemo potest) subito confunditur actio nata,
Filius ergo patri succedens, iura paterna
Pro semisse capit, summamque à patre receptam
Pro parte extinguit, solum pars altera restat
Debita germano, verum hanc condicere frater
Sic poterit, si non minus illi in parte peculij,
Vt sua quæque ferat lucra, atque in commoda secum
Omnia quæ ex illo persolui debita posint,
Fratri igitur numosque credidit æqua peculij
Si pars obuenit, sublata est actio tota.
Proinde liquet nummos condici posse solutos.

Scevola.

GAllus Aquilius sic posse institui posthumos nepotes induxit, Si filius meus viuo me morietur, tunc si quis mihi ex eo nepos, siue quæ neptis post mortem meam decem mensibus proximis, quibus filius meus morietur, natus natave erit, hæredes sunto.

Posthumus ante nepos vicenæ iura tabellæ
Institui nullus poterat, nisi prima paterno,
Quem sedes iungebat auo, & qui tempore scripti
Elogij natus tenuisset iura suorum,
Gallus at insignis Romanæ stirpis amator,
Antiquæ nimium legis mollire regorem
Non veritus cum sæpe foret rumpenda voluntas
Elogijs quamuis non esset tempore promus,
Induxit pariter non natos posse nepotes
Institui formamque dedit testantibus istam.
Si meus intereat viuo me filius, esto
Tunc quicumque mihi mea post nascetur ab illo
Fata nepos neptisve intra bis quinque propinquos
A filij interitu menses successor & hæres.

Appendix:

DOctores hic summa capit discordia nostros
Quæ fuerit legis ratio, qua posthumus hæres,
Institui nullus posset, nisi qui suus esset
Et sanè illorum mihi crebrior esse videtur
Assensus: quoniam persona incerta putatur
Posthumus; incertis igitur nil posse relinqui
Personis cautum fuerat sententia: verum
Tantorum licet ista patrum sit firma probari,
Quippè mihi nunquam potuit, nec tuta videri
Incertas etenim personas dicimus, vllo,

Quæ nequeunt signo monstrari, aut nomine certo.
Vt qui primus erit consul, qui primus in hostem
Irruet, aut primus Capitolia celsa tenebit
Talibus haud olim poterant legata relinqui.
Sed nec iure nouo possunt, cum prorsus in illis
Incerto testans animo versetur, at omnis
Posthumus ad certum signum restringitur, vt qui
Ex Seia natus fuerit, vel coniunge tali.
Quippè nec incertæ libertas competit vlli
Personæ, quoniam manifesto nomine seruos
Dimitti placuit, tamen illàm posthumus isto
Seruus iure capit certo qui à nomine claro,
Distinguique potest signo. Concludimus ergo,
Posthumum ab incertis personis esse remotum;
Veram autem legis rationem credimus esse
Pro nihilo; quoniam non natos priscus habebat
Ille rigor miseris, vt nec legare liceret,
Nec libertates concedere (proinde receptis)
Ne passim vallanda modis, suprema voluntas
Ponderis immensi confecta negotia claudens,
Non natis hæredis dubio penderet abortum,
Cum testamenti caput, atque columna sit hæres;
Hæredes solum natos lex posse vocari
Permisit, valida, vt vasi consisteret actus,
Nam non ente semper sumptu ædificamus inani
Et fundamento positum sine corruit omne.
Consonat his velle Domini, quod seruus, & olim
Non nati institui poterat, quia legis in illo
Cessabat ratio, dominum, quæ sola vetabat,
Et si opponatur suus ergò posthumus, ista
Debuit haud olim pariter ratione vocari,
In promptu causa est, siquidem suus esse parenti
Posthumus (in lucem veniens) quicumque solebat
Præteritum sese inueniens, rupisset inique
Elogium patris velaui nil tale merentis,
Nam legis potuisset auus genitorve rigorem
Obijcere iniustum, si quos non scribere possent

Hære-

Hæredes, neque præteritos impune liceret,
Elogijs habuisse suis: suus ergo vocari
Posthumus hac solus potuit ratione, quod illo
Præterito iniuste, & sine culpa scripta perissent
Testamenta patrum, reliquos ea causa nepotes
Inferiori gradu extantes nondumque subortos
Non ita suadebat scribi debere parentum
Elogijs, nec enim rumpendi iura tenebant,
Sic igitur docti constat iam formula Galli.

Papiniano.

Centurio filio, si intra vigesimum quintum
Annum ætatis suæ sine liberis vita decesserit
Directo substituit: intra quatuor decimum
Annum etiam propria bona filij substitutus
Iure communi capiet post eam vero ætatem
Ex priuilegio militum patris duntaxat
Cum fructibus inuentis in hæreditatibus.
Centurio natum instituit rectis simul illi
Substituit Titium verbis, sub conditione.
Idem si natus vita decederet intra
Bis denum, & quintum sine descendentibus annum,
Hoc casu impubes migret si filius eius
Omnia communi Titius bona iura capesset
Si verò natus pubes decesserit idem
Fortunas tantum speciali iure paternas
Militiæ capiet cum fructibus inde repertis
Cæsareum tamen his responsum obstare videtur.

Vlpiano.

Nihil commune habet proprietas cum possessione, & ideò non denegatur ei interdictum, vti possidetis, qui cæpit rem vendicare: non enim videtur possessioni renunciasse qui rem vendicauit,

NIhil equidem commune simul dicuntur habere
Proprietas rerum & simplex possessio namque
Re, causa, & effectu distant: permittitur ergo
Huic, qui rem petere cæpit pendente priori,
Iudicio retinendæ etiam interdicta mouere.
Non etenim qui principio rem vendicat, idem
Iure insistendi se excludere velle videtur
Hoc verum, nisi iam cæpto de iure petenti
Iudicio in causa conclusio facta fuisset
Hæc etenim gemini vulgata est regula iuris
Quod semper cedit possessio proprietati.
At donec spes est, quod possessoria causa
Accipiet citius finem, quàm quæstio iuris
Intentata prius legum non vsque petatur
Ordo ita læsus, vt haud fieri cumulatio possit,
Tunc diuersa etenim cumulari iure vetantur.
Iudicia, hæc quoties finis præuentio cessat.

¶ Ay tambien otro genero de versificar con deleyte y prouecho del entendimiento, haziendo algunas preguntas de questiones problematicas, de las quales pondre quatro por exemplo.

De substituto exhæredati.

NAto exhæredi genitor legata reliquit:
  Et quem substituit reddere cuncta iubet.
Istud posse vetant fieri dictamina legum
  Certior, vt fiam de ratione precor.

De mortuo, & nato apud hostes.

DEcessisse sui cum lex Cornelia iuris
  Fingat in hostili; qui ditione perit,

Cur

Cur non sic nascatur apud si filius hostes
Et redeat natum fingit in vrbe prius.

De conditione impossibili.

COnditio, cui vel ius, vel natura repugnat
Actum non vitiat, sed vitiatur ea,
Verum quæ est homini facto impossibilis actum
Inficit hic causam Sceuola docte rogo.

De tutore, & curatore.

ADdi alius puero tutorem, tutor habenti,
Non valet, ast curæ accedere cura potest.
Cur tam diuersum, cum curatoris adultus
Pupillo æquetur sub ditione manens.

Tambien es honesto entretenimiento alabar los meritos, y partes de los Doctores, y Iurisconsultos en versos, como referi de algunos.

De Alciato.

COnsultissimus ornat Alciatus
Musas eloquium sacrasque leges.

De Vldarico Zasio.

DOctus maxime, maxime disertus,
Leges restituit suo hic nitori.

De Guillelmo Budeo.

BVdeus pater elegantiarum,
ne Galli inuideant facit Latinis.

De Hieronymo Cagnolo:

IVrisconsultos inter, Cagnole, disertos
Censeri, merito te tua scripta iubent.

LAVS DEO.

TABLA

De los Capitulos, que tiene este libro.

Del

Tabla.

FIN.

TA-

TABLA

De las cosas mas notables, que contiene este libro.

Auten-

B.

C.

D.

E.

Historia

Tabla.

I.

L. Lection

M

L.

M.

Mae-

N.

O

P.

R.

S.

T.

V.

FINIS.

CATALAGO DE LOS autores citados en eſte arte.

A.

Abbad Panormitano.
Acurſio.
Alberico.
Angelo de Peruſio.
Angelo.
S. Auguſtin.
Agricola.
Alexandro.
Andres Tiraquelo.
Antonio de Nebriſa.
Ariſtoteles.
Archidiacono.
Antonio de Butrio.
Antonio Concio.
Alciato.
Antonio de Florencia.
Apuleyo.
Aymario Rebalo.
Arçobiſpo Dõ Rodrigo.
Aulo Gelio.
Azon.

B.

Bartolo.
Baldo.
Bartholome Sorino.
Bodino.
Balerio.
Burgos de Paz.
Baeça.
Blancas.
Baruc.

C.

Cacialupo.
Caſſaneo.
S. Cypriano.
Capicio.
Corſeto.
Cuiacio.
Cepola.
Cornelio Tacito.
Couarruuias.
Conſtantino Rogerio.
Crinito.

D.

Dauid.
Deciano.
Don Alõſo de Cartagena
Diodoro.
Dion Caſio.

Don

Tabla.

Don Chriſtoual de Paz.
Diego Perez.
Decio.
Duareno.

E.

Eccleſiaſtico.
Eſteuan de Garibay.
Eſtrabon.
Exodo.
Eſaias.
Eccleſiaſtico:
Éſter.
Eſayas.
Euſebio.

F.

Fabro.
Florian de Ocampo.
Forſterio.
Fulgoſio.
Felino.

G.

Gandino.
Garcia Lupis.
Gualtero.
Gregorio Nazianzeno.
Gregorio Lopez.
S.Hieronimo.
Geneſis.

H.

Halicarnaſeo.
Hodofredo.
Horacio.
Horacio Lucio.
Hieremias.
Hoſtienſe.
Doct.Huarte.
Hoachin Hiperfriſio.
Hoachin Eſtephano.
Hoachin Hoppero.

I.

Iſernia.
Iaſon.
Iuntino.
Immola.
Ioan Corraſio.
S.Ioan Damaſceno.
Ioan Bodino.
Ioſue.
Iacob.
Ioan Andres.

L.

Lucio Apuleyo.
Luys Peleo.
Laurencio Vala.

M.

Marco Tulio Ciceron.
Macrobio.
Marcial.
Marſilio Fiſcino.
Martin de Fano.
S.Matheo.
Mateazo.
Maximo Tyrio.

Menochio.

Tabla.

Menochio.

N.

Nicolao de Lyra.
Naufia.

P.

Platon.
Paulo.
Pancinobo.
Pedro Andres Gama.
Parladorio.
Pedro Gregorio.
Petrarca.
S.Pablo.
Prouerbiorum.
Plinio.
Plutarco.

Q.

Quintiliano.

R.

Romano.
Rolando.

S.

Sapientia.
Sèneca.
Socino.
Sexto victor.
Suetonio.

T.

Textortimario Rybaldo,
Tolomeo.
S.Thomas.
Thomas Gramatico.

V.

Valerio
Virgilio.
Villa Diego.
Valentino Forterio.
Volaterrano.

Z.

Zafio.
Zabarela.

LAVS DEO.

ESTA EDICION FACSIMIL CONSTA
DE 2.000 EJEMPLARES NUMERADOS

EJEMPLAR NUMERO 1498